Die Sonne, mein Herz

Thich Nhat Hanh

Die Sonne, mein Herz

Theseus Verlag

Die Deutsche Bibliothek – CIP- Einheitsaufnahme

Die Sonne, mein Herz /Thich Nhat Hanh. [Übers. ins Dt.: Karen Siebert]
– 4., überarb. Aufl. – Berlin : Theseus Verl., 1998
Einheitssacht.: The sun my heart <dt.>
ISBN 3-89620-119-0

ISBN 3-89620-119-0

4., überarbeitete Auflage 1998
(Neuübersetzung)
Titel der amerikanischen Originalausgabe:
The Sun my Heart
erschienen bei Parallax Press
Berkeley, California 94707, USA

Übersetzung ins Deutsche: Karen Siebert

Umschlaggestaltung: Rex Verlagsproduktion, München
unter Verwendung einer Illustration von Judith Bossert
Illustrationen: © Judith Bossert
Lektorat: Ursula Richard / Ulrich Scharpf
Gestaltung und Satz: AS Satz & Grafik, Berlin
Druck: Offizin Andersen Nexö Leipzig
Printed in Germany

Gedruckt auf alterungsbeständigem Papier mit chlorfrei gebleichtem Zellstoff

Inhalt

Einleitung

Seit Anbeginn sind sich Meditierende dessen bewußt, daß sie ihre Einsichten und Erkenntnisse stets im Lichte ihrer persönlichen Wahrnehmung und in einer zeitgemäßen Sprache zum Ausdruck bringen müssen. Weisheit ist ein lebendiger Strom, keine Ikone, die man im Museum verwahrt. Die oder der Praktizierende muß die Quelle der Weisheit im eigenen Leben entdecken, um sie den kommenden Generationen zugänglich zu machen. Wissen wir erst einmal, wie wir uns einen Pfad durchs Dickicht bahnen, auf dem wir vorwärtsschreiten, ist es sodann unsere Aufgabe, das Licht der Weisheit nicht mehr erlöschen zu lassen.

Unsere Einsichten und Ausdrucksweisen sind untrennbar verbunden mit der Zeit, in der wir leben. Viele Jahre lang ist der Osten dem Westen auf dem Weg der technologischen und materiellen Entwicklung gefolgt; dabei hat er schließlich die eigenen spirituellen Werte fast vergessen. In unserer Welt ist die Technologie zur treibenden Kraft in Wirtschaft und Politik geworden; allmählich beginnen jedoch die Menschen, die führend in der Forschung sind, Ähnlichkeiten mit den Dingen zu entdecken, die spirituelle Traditionen des Ostens bereits vor langer Zeit herausgefunden haben. Bleibt uns genügend Zeit für einen Wandel, so gibt es eine Chance, die Kluft zwischen Wissenschaft und Spiritualität zu überbrücken. Osten und Westen können sich dann auf dem Weg, den wahren Geist zu erforschen, die Hände reichen. Die Menschen, in denen die Samen zu diesem bedeutsamen Unternehmen bereits keimen, können ihre Arbeit in Richtung auf diese Übereinkunft schon jetzt beginnen, indem sie ihr Alltagsleben achtsam gestalten.

Dieses kleine Buch soll nicht irgendwelches Wissen des Autors zur Schau stellen (tatsächlich hat er da gar nicht so viel vorzuweisen). Es soll eher ein Freund als ein Buch sein. Du kannst es bei dir tragen, wenn du U-Bahn fährst, so wie einen Mantel oder Schal. Jederzeit kann es dir eine kleine Freude bereiten. Vielleicht liest du ein paar Zeilen, schließt es wieder und legst es in die Tasche zurück; und später liest du dann wieder einige Zeilen. Gelangst du zu einem Kapitel, das dir schwierig oder kompliziert erscheint, so kannst du einfach weiterblättern und an anderer Stelle weiterlesen. Später kommst du vielleicht darauf zurück und findest es jetzt gar nicht mehr so kompliziert. Das letzte Kapitel liest sich sehr angenehm; du kannst auch damit beginnen.

Beziehe dich bitte stets auf deine eigenen Erfahrungen, wenn du dieses Buch verstehen willst. Laß dich nicht von irgendwelchen Worten oder Vorstellungen einschüchtern. Nur wenn du dich gewissermaßen selbst zur Autorin, zum Autor machst, findest du die Freude und die Kraft, die du benötigst, um dich auf die Reise von der Achtsamkeit zur Erkenntnis zu begeben.

Sonnenschein und grüne Blätter

Thanh Thuys Apfelsaft

Heute kamen drei Kinder aus dem Dorf, zwei Mädchen und ein Junge, und wollten mit Thanh Thuy spielen. Alle vier rannten zum Hügel hinter dem Haus, um dort zu spielen. Nach vier Stunden erst kamen sie zurück und wollten etwas trinken. Ich nahm die letzte Flasche von unserem selbstgemachten Apfelsaft und schenkte allen ein Glas ein, zuletzt Thuy. Sie hatte nun den Rest vom Boden der Flasche bekommen; er enthielt etwas Fruchtfleisch und war eingetrübt. Sie schmollte und wollte den Saft nicht trinken. So lief sie mit den anderen Kindern zurück zum Hügel, ohne etwas getrunken zu haben.

Eine halbe Stunde später, als ich gerade in meinem Zimmer meditierte, hörte ich sie rufen. Sie wollte gern ein Glas Wasser trinken, aber auch auf Zehenspitzen reichte sie noch nicht an den Wasserhahn heran. Ich erinnerte sie an ihr Glas Saft auf dem Tisch und bat sie, dieses doch zuerst zu trinken. Sie drehte sich zum Glas um und stellte fest, daß das Fruchtfleisch sich gesetzt hatte und der Saft ganz klar und appetitlich aussah. So ging sie zum Tisch und nahm das Glas in beide Hände. Sie trank es zur Hälfte aus, setzte es ab und sagte: »Ist das ein anderes Glas, Onkel Mönch?« (eine übliche Anrede vietnamesischer Kinder, wenn sie mit einem älteren Mönch reden). »Nein«, erwiderte ich, »es ist dasselbe Glas. Es hat hier nur eine Weile gestanden, und nun ist der Saft ganz klar und köstlich.« Thuy betrachtete erneut das Glas. »Er ist wirklich gut. Hat er meditiert so wie du, Onkel Mönch?« Ich mußte lachen und streichelte ihr über den Kopf. »Sagen wir einmal so: Ich ahme den Apfelsaft nach, wenn ich still sitze – das kommt der Wahrheit am nächsten.«

Jeden Abend, wenn es Zeit ist für Thuy, ins Bett zu gehen, setze ich mich zur Meditation nieder. Sie schläft in diesem Raum, ganz in meiner Nähe. Wir haben die Abmachung, daß sie leise ins Bett geht, während ich sitze. In dieser friedvollen Atmosphäre kommt sie schnell zur Ruhe und ist meistens schon nach fünf bis zehn Minuten eingeschlafen. Wenn ich aufstehe, decke ich sie zu.

Thanh Thuy ist ein Kind der Boat People, keine viereinhalb Jahre alt. Zusammen mit ihrem Vater überquerte sie das Meer und kam letztes Jahr im April in Malaysia an. Ihre Mutter ist in Vietnam geblieben. In Frankreich angekommen, ließ ihr Vater sie für mehrere Monate hier bei uns, um sich in Paris Arbeit zu suchen. Ich brachte ihr das vietnamesische Alphabet bei und einige vietnamesische Volkslieder. Sie ist sehr intelligent, und nach nur zwei Wochen war sie in der Lage, eine Geschichte von Leo Tolstoi zu buchstabieren und langsam vorzulesen, einen Text, den ich aus dem Französischen ins Vietnamesische übersetzt hatte.

Jeden Abend sieht Thuy mich sitzen. Ich habe ihr gesagt, daß ich »in Meditation sitze«, ohne ihr näher zu erklären, was das ist und warum ich das tue. Jeden Abend sieht sie, wie ich mir das Gesicht wasche, meine Robe anziehe und ein Räucherstäbchen anzünde, damit es im Raum duftet. Dann weiß sie, es ist Zeit für meine Meditation und damit Zeit für sie, sich die Zähne zu putzen, den Pyjama anzuziehen und leise ins Bett zu gehen. Nie habe ich sie daran erinnern müssen.

Zweifellos dachte sie, der Apfelsaft habe eine Weile dagestanden, um klar zu werden, genau wie ihr Onkel Mönch. »Hat er meditiert so wie du?« Ich glaube, im Alter von nicht einmal viereinhalb Jahren versteht Thanh Thuy den Sinn der Meditation ohne jede Erklärung. Nach einer Zeit des Ruhens wurde der Apfelsaft ganz klar. So ergeht es auch uns, nachdem wir eine Weile still in Meditation gesessen haben. Diese Klarheit gibt uns Kraft und Gelassenheit. Fühlen wir uns wieder frisch, überträgt sich das auf unsere Umgebung. Kinder fühlen sich in unserer Nähe wohl, und dies keineswegs nur, weil sie auf Süßigkeiten und Geschichtenerzählen aus sind. Sie suchen unsere Nähe, weil sie diese »Frische« fühlen.

Heute abend ist ein Gast gekommen. Ich fülle den Rest des Apfelsaftes in ein Glas und stelle es auf den Tisch in der Mitte des Meditationsraums. Thuy ist bereits eingeschlafen, und ich bitte den Gast, ganz still dazusitzen, so still wie der Apfelsaft.

So sitzen wir etwa vierzig Minuten. Ich sehe, wie mein Freund lächelt, als er den Apfelsaft betrachtet. Dieser ist jetzt ganz klar. Und du, mein Freund, bist du es auch? Selbst wenn du noch nicht gänzlich zur Ruhe gekommen bist wie dieser Apfelsaft, fühlst du dich nicht bereits etwas weniger aufgeregt, weniger zappelig, weniger durcheinander? Da ist noch die Spur eines Lächelns auf deinen Lippen zu sehen, aber mir scheint, du zweifelst an deiner Fähigkeit, auch so ruhig und »gesetzt« zu werden wie der Apfelsaft, selbst wenn wir noch stundenlang hier sitzen.

Das Glas Apfelsaft steht auf einem festen Untergrund. Du aber sitzt nicht so sicher, so stabil. Diese kleinen Partikel vom Fruchtfleisch folgen nur einem einfachen Naturgesetz, indem sie langsam auf den Grund des Glases sinken. Deine Gedanken folgen jedoch keinem solchen Naturgesetz. Ganz im Gegenteil, hektisch summen sie durch die Gegend wie ein Bienenschwarm, und deshalb fällt es dir schwer, dir vorzustellen, du könntest genauso zur Ruhe kommen wie der Apfelsaft.

Gut, sagst du, aber man kann doch Menschen, also Lebewesen mit der Fähigkeit zu denken und zu fühlen, nicht mit einem Glas Saft vergleichen. Das stimmt schon, aber trotzdem denke ich, daß auch uns gelingt, wozu der Apfelsaft in der Lage ist, und mehr als das. Wir können vollkommen ruhig und friedvoll sein, nicht nur beim Sitzen, sondern auch beim Gehen und bei der Arbeit.

Du glaubst mir wohl nicht, denn es sind bereits vierzig Minuten vergangen, und trotz aller Mühe ist es dir nicht gelungen, den erhofften Frieden zu finden. Thuy schläft ruhig und friedlich, ganz leicht ist ihr Atem. Komm, wir zünden noch eine Kerze an und sprechen dann weiter.

Die kleine Thuy schläft völlig gelöst und ohne Anstrengung. Du kennst doch auch diese Nächte, in denen du keinen Schlaf findest, und je mehr du dich anstrengst, desto weniger gelingt es dir einzuschlafen. Du willst dich zwingen, friedlich und ruhig zu sein, aber da ist ein Widerstand in dir. Dieselbe Art von Widerstand verspüren viele Menschen bei ihren ersten Meditationserfahrungen. Je angestrengter sie sich um Ruhe bemühen, desto unruhiger werden sie. Die Vietnamesen sehen sich dann als Opfer böser Dämonen oder schlechten Karmas, aber tatsächlich entsteht dieser Widerstand aus dem krampfhaften Bemühen um Ruhe und Frieden. So wird die Anstrengung selbst zum Hindernis. Unsere Gedanken und Gefühle fließen wie ein Fluß dahin. Versuchen wir das Dahinströmen eines Flusses zu behindern, begegnen wir dem Widerstand des Wassers. Besser ist es also, sich seinem Strömen zu überlassen und das Wasser dann allmählich in die gewünschte Richtung zu lenken. Wir brauchen es nicht aufzuhalten.

Merke dir, daß der Fluß weiterströmen muß und wir ihm zu folgen haben. Auch jeden kleinen Zufluß müssen wir beachten, alle Gedanken, Gefühle und Empfindungen wahrnehmen, die in uns entstehen – dabei beobachten wir, wie sie entstehen, wie lange sie andauern und wie sie wieder verschwinden. Verstehst du? Jetzt beginnt der Widerstand zu weichen. Zwar fließt der Wahrnehmungsstrom immer weiter, aber nun nicht mehr in der Dunkelheit, sondern im hellen Sonnenlicht des Gewahrseins. Wenn wir dieses Sonnenlicht in uns stets aufrechterhalten und es auf jedes noch so kleine Flüßchen, jeden Kieselstein und jede Flußbiegung richten, so nennen wir das unsere Meditationspraxis. Meditation bedeutet in erster Linie, zu beobachten und den Dingen genau nachzugehen. Wenn wir also die Dinge auf diese Weise wahrnehmen, dann merken wir, daß wir Kontrolle über sie haben, auch wenn der Fluß ständig weiterfließt. Wir verspüren eine friedvolle Ruhe, aber es ist nicht die »Ruhe« des Apfelsafts. Es ist keineswegs eine Erstarrung unserer Gedanken und Gefühle damit gemeint. Wir sind ruhig, aber nicht betäubt. Auch ist da nicht plötzlich eine Leere an Gedanken, Wahrnehmungen und Empfindungen. Ein friedvoller Geist ist kein abwesender Geist. Natürlich besteht unser gesamtes Sein nicht nur aus Gedanken und Gefühlen. Zum Geist gehören ebenso Wut, Haß, Scham, Vertrauen, Zweifel, Ungeduld, Ekel, Verlangen, Kummer und Angst. Desgleichen gehören Hoffnung, Hemmung, Intuition, Instinkt sowie bewußte und unbewußte Geistesinhalte zum Sein. Im Vijñanavada-Buddhismus wird ausführlich über die acht Bewußtseinsarten und 51 Geistesformationen gesprochen. Wenn du Zeit hast, kannst du dir diese Ausführungen einmal durchlesen. Sie behandeln alle seelischen Erscheinungsformen.

Gewöhnlich denken Meditierende am Anfang, sie müßten all ihre Gedanken und Gefühle (die oft als »falscher Geist« bezeichnet werden) unterdrücken, damit sie günstige Bedingungen für ihre Konzentration und ihr Verstehen schaffen (was dann als »wahrer Geist« bezeichnet wird). Dazu bedienen sie sich verschiedener Methoden wie z. B., die Aufmerksamkeit auf ein einziges Objekt zu richten oder die Atemzüge zu zählen, um damit ihre Gedanken und Gefühle abzublocken. Nun sind dies auszeichnete Methoden, aber sie sollten nicht dazu benutzt werden, irgend etwas abzublocken oder zu unterdrücken. Wir wissen doch: Sobald es Unterdrückung gibt, gibt es auch Rebellion – sie gehören untrennbar zusammen. Falscher Geist und wahrer Geist sind eins. Leugnest du den einen, so leugnest du auch den anderen. Unterdrückst du den einen, unterdrückst du auch den anderen. Unser Geist ist unser Selbst, und das können wir nicht unterdrücken. Wir sollten es im Gegenteil respektvoll, sanft und völlig gewaltlos behandeln. Da wir ja nicht einmal wissen, was unser »Selbst« ist, wie sollen wir da beurteilen, ob es falsch oder wahr ist, ob es da etwas zu unterdrücken gibt, und wenn, wie. So können wir nur das Sonnenlicht der Achtsamkeit darauf scheinen lassen und es er-leuchten, um einen klaren Blick darauf zu werfen.

So wie Blumen und Blätter nur Teil einer Pflanze sind, Wellen nur Teil des Ozeans, so sind auch Wahrnehmungen, Gefühle und Gedanken nur Teil des Selbst. Blumen und Blätter sind eine natürliche Manifestation von Pflanzen, und ebenso sind Wellen natürliche

Ausdrucksformen des Meeres. Es ist sinnlos, diese Dinge unterdrücken oder behindern zu wollen, es ist einfach nicht möglich. Wir können sie lediglich beobachten. Da sie vorhanden sind, können wir ihren Ursprung erkennen, und dieser ist nichts anderes als unser eigener Ursprung.

Die Sonne der Achtsamkeit entspringt dem Herzen des Selbst und macht es möglich, das Selbst zu erhellen. Sie erhellt nicht nur sämtliche Gedanken und Gefühle, sondern ebenso sich selbst.

Wenden wir uns aber noch einmal dem Apfelsaft zu, der da so still »ruht«. Der Strom unserer Wahrnehmungen fließt stetig fort, aber jetzt fließt er friedlich im Licht der Achtsamkeit, und wir sind ganz gelassen. Natürlich ist die Beziehung zwischen dem Wahrnehmungsstrom und der Sonne der Achtsamkeit nicht identisch mit der zwischen einem wirklichen Fluß und der realen Sonne. Ganz gleich, ob es Mitternacht ist oder heller Mittag, ob die Sonne also gerade nicht scheint oder ob sie ihre durchdringenden Strahlen auf die Erde schickt – das Wasser des Mississippi fließt stetig, und es verändert sich dabei kaum. Anders ist es mit der Sonne der Achtsamkeit, die auf den Strom unserer Wahrnehmungen scheint: Wenn dies geschieht, so wird der Geist verwandelt. Denn Strom und Sonne sind von derselben Natur.

Wir wollen uns einmal die Beziehung zwischen der Farbe der Blätter und dem Sonnenlicht betrachten. Auch sie sind von derselben Natur. Nachts kann man im Licht der Sterne und des Mondes nur die Umrisse der Bäume und Blätter erkennen. Schiene nun aber

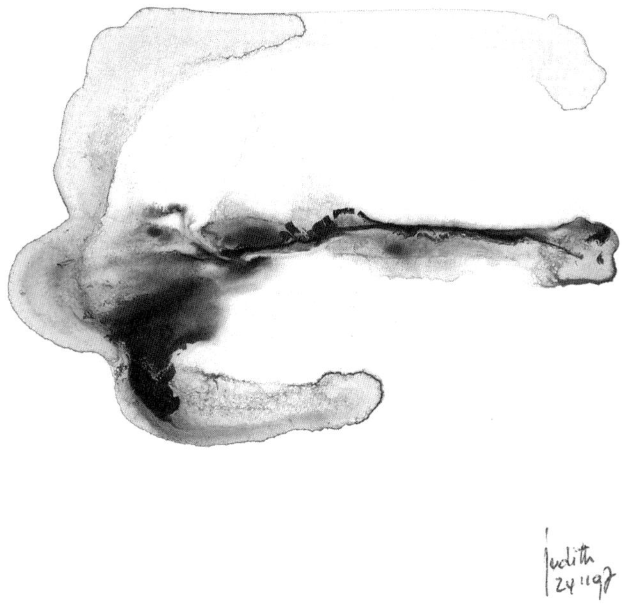
Judith
24 11 97

plötzlich die Sonne, würde sofort die grüne Farbe der Blätter sichtbar. Das zarte Grün der Blätter im Frühling existiert, weil der Sonnenschein existiert.

Dies schrieb ich eines Tages in Anlehnung an das *Prajñaparamita Sutra:*

Der Sonnenschein, das sind grüne Blätter,
und grüne Blätter sind Sonnenschein.
Der Sonnenschein unterscheidet sich nicht von grünen Blättern.
Dies gilt für alle Formen und Farben.[1]

In dem Augenblick, in dem die Sonne der Achtsamkeit zu scheinen beginnt, findet ein grundlegender Wandel statt. Meditation läßt ganz leicht die Sonne der Achtsamkeit aufgehen, und wir sehen klarer. Während der Meditation scheinen wir aus zwei Arten von Selbst zu bestehen: Das eine ist der Strom der Gedanken und Gefühle, das andere ist die Sonne der Achtsamkeit, die darauf scheint. Welches ist nun unser Selbst? Welches ist wahr, welches falsch? Welches ist gut, welches schlecht? Beruhige dich, mein Freund. Laß das geschliffene Schwert des konzeptorientierten Denkens sinken, und sei nicht mehr so darauf bedacht, dein »Selbst« in zwei Teile zu spalten. Beide sind doch das Selbst, keins ist wahr oder falsch. Wir wissen, daß Licht und Farbe keineswegs getrennte Phänomene sind. Und ebenso sind auch die Sonne des Selbst und der Strom des Selbst nicht zu unterscheiden. Komm, setz dich mit mir hin, ein Lächeln auf deinen Lippen, schließ die Augen, wenn es notwendig ist, um dich, dein Selbst, klarer zu erkennen. Die Sonne der Achtsamkeit in dir ist lediglich Teil vom Strom des Selbst, nicht wahr? Sie folgt den gleichen Gesetzen wie alle anderen seelischen Erscheinungsformen: Sie entsteht und vergeht. Wenn eine Wissenschaftlerin etwas unter dem Mikroskop untersuchen will, muß sie helles Licht auf das Objekt richten. Das mußt auch du tun, wenn du das Selbst betrachten willst – es ins Licht der Achtsamkeit rücken.

Gerade habe ich dir geraten, das Schwert des konzeptorientierten Denkens beiseite zu legen und dein Selbst nicht in zwei Teile zu schneiden. Aber das würde dir auch gar nicht gelingen, selbst wenn du wolltest. Glaubst du, du könntest den Sonnenschein von den grünen Blättern trennen? Genauso wenig kannst du das beobachtende Selbst trennen von dem Selbst, das beobachtet wird. Wenn die Sonne der Achtsamkeit erstrahlt, verwandelt sich die Natur der Gedanken und Gefühle. Sie ist eins mit dem beobachtenden Geist, und dennoch bleiben sie verschieden, so wie das Grün der Blätter und der Sonnenschein. Stürze dich nicht vom Konzept von »zwei« plötzlich auf das Konzept von »eins«. Diese stets vorhandene Sonne der Achtsamkeit ist zugleich auch ihr eigenes Objekt. Wenn man eine Lampe anschaltet, erscheint auch die Lampe im Licht. »Ich weiß, daß ich weiß.« »Ich bin mir dessen bewußt, daß ich mir bewußt bin.« Wenn du etwa denkst: »Die Sonne der Achtsamkeit in mir ist erloschen«, dann leuchtet sie augenblicklich von selbst auf, schneller als mit Lichtgeschwindigkeit.

Betrachte einmal im Licht der Achtsamkeit die Veränderungen, die in deinem Geist stattfinden. Selbst dein Atem verändert sich und wird mit deinem beobachtenden Selbst »nicht-zwei« (ich möchte vermeiden, hier »eins« zu sagen). Genauso ist es mit deinen Gedanken und Gefühlen und all ihren Auswirkungen – plötzlich werden sie transformiert. Wenn es dir gelingt, sie nicht zu beurteilen oder zu unterdrücken, sind sie auf einmal eng verknüpft und verwoben mit dem beobachtenden Geist.

Sicher wirst du irgendwann einmal unruhig, und diese Unruhe will nicht weichen. Ist dies der Fall, so sitze einfach ganz ruhig, folge deinem Atem, lächle ein Halblächeln und richte deine Aufmerksamkeit auf die Unruhe. Beurteile sie nicht, zerstöre sie nicht, denn du selbst bist ja diese Unruhe. Sie entsteht, bleibt eine Weile da, und schließlich verschwindet sie wieder auf natürliche Weise. Sei auch nicht zu hastig bei der Suche nach ihrer Ursache. Streng dich nicht an, sie zum Verschwinden zu bringen. Richte lediglich das Licht der Bewußtheit auf sie. Ganz allmählich, so wirst du feststellen, verändert sie sich, verschmilzt mit dir, demjenigen, der sie beobachtet. Auf welchen psychischen Zustand du auch immer dieses Licht richtest, er wird an Prägnanz verlieren und schließlich offenbaren, daß er von gleicher Natur ist wie der beobachtende Geist.

Halte die Sonne der Achtsamkeit stets am Leuchten, während du meditierst. Wie die physikalische Sonne, die auf jedes Blatt, jeden Grashalm scheint, erhellt unsere Achtsamkeit all unsere Gedanken und Gefühle, ermöglicht uns, sie zu erkennen, ihre Entstehung, Verweildauer und ihr Verschwinden wahrzunehmen – und dies, ohne sie zu bewerten, sie zu begrüßen oder zu verscheuchen. Nun halte aber bitte die Achtsamkeit keineswegs für deine »Verbündete«, die dir dabei behilflich ist, die »Feinde«, die widerspenstigen Gedanken also, zu unterdrücken. Verwandle deinen Geist nicht in ein Schlachtfeld. Es geht hier nicht um Krieg; schließlich sind *all* deine Gefühle – Freude, Kummer, Wut, Haß – Teil von dir. Die Achtsamkeit ist eher ein älterer Bruder oder eine ältere Schwester; freundlich und aufmerksam will sie dich lenken und erhellen. Sie ist von großzügiger und durchscheinender Präsenz, niemals gewalttätig und diskriminierend. Sie hilft dir, Gedanken und Gefühle wahrzunehmen und zu erkennen, nicht, sie als gut oder schlecht einzustufen oder sie zu einem feindlichen Lager zu machen, das man bekämpfen muß. Oft wird gut und schlecht mit Licht und Dunkelheit verglichen; betrachten wir dies aber einmal aus einem anderen Blickwinkel, erkennen wir, daß die Dunkelheit, auch wenn das Licht scheint, keineswegs verschwindet. Sie geht nicht fort, sondern verschmilzt mit dem Licht. Sie wird zum Licht.

Vor einiger Zeit bat ich meinen Gast zu lächeln. Meditieren heißt eben nicht, sich mit einem Problem herumzuschlagen. Es bedeutet zu beobachten. Das zeigt sich an deinem Lächeln. Man erkennt daran, daß du sanft und liebevoll mit dir umgehst, daß die Sonne der Achtsamkeit in dir leuchtet und daß du die Situation unter Kontrolle hast. Du bist du selbst, und in dir ist bereits Frieden. An dem Frieden, den du ausstrahlst, liegt es auch, daß ein Kind gern deine Nähe sucht.

Ein Gedicht über das Zuknöpfen deiner Jacke

Wir sind zu sehr viel mehr fähig, als ein Glas mit Apfelsaft es ist. Es gelingt uns nicht nur beim stillen Sitzen, zu Ruhe und Frieden zu gelangen; wir können es auch im Stehen, Liegen, Gehen und sogar bei der Arbeit. Was sollte die Sonne der Achtsamkeit daran hindern, in dir zu erstrahlen, während du spazierengehst, eine Tasse Tee oder Kaffee zubereitest oder Wäsche wäschst? Als junger Mönch im Kloster Tu Hieu lernte ich es, die Achtsamkeit bei allen meinen Tätigkeiten aufrechtzuerhalten – beim Jäten im Garten, beim Zusammenharken der Blätter um den Teich herum, beim Geschirrspülen in der Küche. Ich übte mich in Achtsamkeit, wie es der Zenmeister Doc The in seinem kleinen Handbuch *Die wichtigsten Meditationsübungen für den Alltag* lehrte. Das Buch betont, daß wir uns stets all unserer Handlungen bewußt sein müssen. Wenn wir aufwachen, wissen wir, daß wir aufwachen. Knöpfen wir unsere Jacke zu, wissen wir, daß wir unsere Jacke zuknöpfen. Waschen wir uns die Hände, wissen wir, daß wir uns die Hände waschen. Meister Doc The verfaßte kleine Gedichte, die wir rezitieren können, wenn wir uns die Hände waschen oder die Jacke zuknöpfen; sie helfen uns, unerschütterlich unsere Achtsamkeit zu bewahren. Das folgende Gedicht rezitieren wir beim Zuknöpfen der Jacke:

Während ich mir die Jacke zuknöpfe,
hoffe ich, daß alle Lebewesen
die Wärme in ihrem Herzen bewahren
und sich nicht selbst verlieren.

Ein Vers wie dieser hilft uns, die Sonne der Achtsamkeit auf alle unsere Handlungen zu richten, seien sie körperlicher oder geistiger Art – also unsere Gedanken und Gefühle. Als Kind bekam ich mit, wie meine Mutter oft zu meiner älteren Schwester sagte, ein Mädchen müsse sehr aufmerksam auf jede seiner Bewegungen achten. Damals war ich froh, ein Junge zu sein und nicht dermaßen aufpassen zu müssen. Als ich dann aber mit der Meditation begann, wurde mir klar, daß ich tausendmal mehr Aufmerksamkeit auf meine Bewegungen richten mußte als meine Schwester. Dies galt nicht nur für meine Bewegungen, sondern ebenso für meine Gedanken und Gefühle! Wie alle Mütter befand auch meine Mutter, ein Mädchen wirke anmutiger, wenn es mehr auf seine Bewegungen achtet. Dann sind die Bewegungen weder ruckartig noch hastig oder unbeholfen, sondern sanft, ruhig und graziös. Ohne es zu merken, brachte meine Mutter auf diese Weise meiner Schwester das Meditieren bei.

So wird auch ein Mensch, der Meditation praktiziert, anmutiger. Ein Zenmeister, der beobachtet, wie eine Schülerin oder ein Schüler die Glocke erklingen läßt, den Hof fegt oder den Tisch deckt, kann an ihrem oder seinem Gebaren und der Persönlichkeit den »Grad der Meditation« ermessen. Dieser »Grad« ist die Frucht der

Bemühung um Achtsamkeit, und der Zenmeister nennt ihn den »Geschmack des Zen«.

Drei Stunden für eine Tasse Tee

Das Geheimnis der Meditation besteht darin, sich jeder Sekunde der eigenen Existenz bewußt zu sein und die Sonne der Achtsamkeit stets erstrahlen zu lassen. Dies gilt für die körperlichen und seelischen Bereiche, unter jedweden Umständen und für jegliches Ding, das da entstehen mag. Während wir eine Tasse Tee trinken, muß unser Geist bei dieser Tätigkeit des Teetrinkens vollkommen gegenwärtig sein. Das Tee- oder Kaffeetrinken kann zu einer unserer täglichen Freuden werden, wenn wir wirklich ganz dabei sind. Wieviel Zeit nimmst du dir für eine Tasse Tee? In den Coffeeshops von New York oder Tokio betreten die Leute den Laden, bestellen ihren Kaffee, stürzen ihn hinunter, zahlen und eilen wieder hinaus, um ihren anderen Tätigkeiten nachzugehen. Höchstens ein paar Minuten nehmen sie sich dafür Zeit. Oft spielt dazu noch laute Musik; dann sind die Ohren mit der Musik beschäftigt, während die Augen andere Leute betrachten, die ihren Kaffee hinunterstürzen – und im Geist beschäftigt man sich mit dem, was man als nächstes zu tun hat. Das kann man nun wirklich nicht Kaffeetrinken nennen.

Hast du schon einmal an einer Teezeremonie teilgenommen? Es können zwei, drei Stunden damit vergehen, nur so zusammenzusitzen und ein oder zwei Tassen Tee miteinander zu trinken. Die Zeit wird keineswegs mit Reden verbracht – man ist lediglich zusammen und trinkt Tee. So etwas hältst du nun vielleicht für verantwortungslos, weil die Leute sich nicht um das Elend der Welt kümmern, aber du wirst zugeben, daß Menschen, die ihre Zeit auf diese Weise verbringen, wirklich wissen, wie man voller Freude mit Freundinnen und Freunden Tee trinkt.

Zwei Stunden mit Teetrinken zu verbringen ist, das gebe ich gern zu, schon etwas extrem. Gewiß gibt es andere Dinge zu tun – im Garten arbeiten, die Wäsche, der Abwasch, Buchbinden und Schreiben. Vielleicht machen diese Tätigkeiten weniger Spaß als Teetrinken oder eine Wanderung in den Bergen, aber wenn wir sie voller Achtsamkeit verrichten, sind sie doch recht erträglich. Selbst der Abwasch nach einem umfangreichen Mahl kann so zur Freude werden.

Den neugeborenen Buddha baden

Meines Erachtens kann der Gedanke, Abwaschen sei eine unerfreuliche Tätigkeit, nur so lange bestehen, so lange wir es nicht tun. Wenn du erst einmal vor dem Spülbecken stehst, die Ärmel hochgekrempelt hast und deine Hände ins warme Wasser hältst, fühlt es sich gar nicht mehr schrecklich an. Ich nehme mir gern Zeit für jedes einzelne Stück Geschirr, nehme es ganz und gar wahr, auch das Wasser und jede Bewegung meiner Hände. Ich weiß schließlich, daß ich nichts davon hätte, wenn ich mich jetzt beeilen würde, um hinterher Tee trinken zu können. Dann würde ich gar nicht richtig leben. Es wäre so schade, denn jeder Augenblick, jede Minute, ja jede Sekunde dieses Lebens ist ein Wunder. Sogar das Geschirr und die Tatsache, daß ich jetzt hier stehe und es abwasche, ist ein Wunder. Ich schrieb darüber in *Das Wunder der Achtsamkeit*[2]. Jede Schale, die ich abwasche, jedes Gedicht, das ich schreibe, jeder Klang der Glocke, die ich zu erklingen einlade, ist ein Wunder, und jedes von ihnen ist gleich wertvoll. Eines Tages spürte ich, während ich eine Schale spülte, daß meine Bewegungen so heilig und voller Respekt waren, als wenn ich einen neugeborenen Buddha baden würde. Könnte er dies lesen, würde sich der neugeborene Buddha gewiß für mich freuen, und es würde ihn keineswegs kränken, mit einer Schale verglichen zu werden.

Jeder Gedanke, jede Handlung, die im Sonnenschein der Achtsamkeit geschieht, wird zu etwas Heiligem. In diesem Licht gibt es keine Grenzen mehr zwischen Heiligem und Profanem. Ich gestehe, daß bei mir der Abwasch immer etwas länger dauert, aber ich lebe vollkommen in jedem Augenblick, und ich bin glücklich dabei. Geschirrabwaschen ist Mittel und Zweck zugleich, denn wir waschen nicht nur ab, um sauberes Geschirr zu haben, sondern, um einfach abzuwaschen, um bei dieser Tätigkeit voll und ganz in jedem Augenblick zu leben. Wenn ich nämlich nicht in der Lage bin, voller Freude abzuwaschen, wenn ich es hastig tue, damit ich hinterher Tee trinken kann, dann bin ich genauso wenig in der Lage, meinen Tee voller Freude zu mir zu nehmen. Dann denke ich, während ich diese Tasse in der Hand halte, bereits darüber nach, was ich als nächstes tue, und ich habe weder etwas vom Duft und Aroma des Tees noch von der Freude, die das Teetrinken bereiten kann. Ständig ziehen mich meine

Gedanken in die Zukunft, und ich vertue die Chance, wirklich im jetzigen Augenblick zu leben.

Die Achtsamkeit bei der Arbeit nähren

Die Arbeit, mit der wir »unser täglich Brot« verdienen, können wir auf die gleiche Weise verrichten wie unseren Abwasch. In meiner Gemeinschaft obliegt mir die Arbeit des Buchbindens. Mithilfe einer Zahnbürste, einer kleinen Schraubzwinge und eines schweren gebrannten Ziegelsteins, der etwa vier bis fünf Pfund wiegt, kann ich zweihundert Bücher am Tag binden. Bevor ich mit dem Binden beginne, breite ich alle Seiten in der richtigen Reihenfolge auf dem Tisch aus. Dann gehe ich um den Tisch herum, und wenn ich einmal meine Runde gemacht habe, weiß ich, daß ich die korrekte Anzahl Seiten für eine Bindung habe. Während ich um den Tisch herumgehe, weiß ich, daß ich eigentlich nirgendwohin gehe; ohne Ziel schreite ich also langsam, sammle die Seiten nacheinander ein, bin mir jeder Bewegung bewußt. Ich atme dabei sanft und bin mir jedes Atemzugs bewußt. Ich verspüre tiefen Frieden, während ich diese Seiten bündele, leime und schließlich den Einband mit dem Buch zusammenfüge. Mir ist klar, daß ich nicht so viele Bücher am Tag herstellen kann wie ein professioneller Buchbinder oder gar eine Maschine, aber ich weiß auch, daß ich meine Arbeit keineswegs hasse. Wenn du viel Geld brauchst für dein Leben, dann mußt du allerdings hart und schnell arbeiten, aber wenn du sehr einfach lebst, kannst du geruhsam und voller Achtsamkeit deine Arbeit verrichten.

Ich kenne etliche junge Menschen, die es vorziehen, nicht so viel zu arbeiten, höchstens vier Stunden am Tag; sie haben dadurch nur ein kleines Auskommen, können damit jedoch einfach und glücklich leben. Dies kann durchaus eine Antwort auf die Probleme unserer Zeit sein – unsere Gesellschaft lernt es, nicht mehr so viele nutzlose Konsumartikel zu produzieren, und teilt die Arbeit auf, läßt diejenigen teilhaben, die ohne Arbeit sind, und so leben die Menschen einfach und glücklich. Daß dies durchaus möglich ist, haben viele Menschen einzeln und auch in Gemeinschaften bereits unter Beweis gestellt. Das ist doch ein gutes Zeichen für unsere Zukunft, nicht wahr?

Nun fragst du vielleicht, wie es uns möglich ist, die Achtsamkeit während des Abwaschens, Buchbindens, bei der Fabrik- oder Büroarbeit zu intensivieren. Ich denke, die Antwort mußt du selbst finden. Tu alles, was dir hilft, die Sonne der Achtsamkeit in dir zu erhalten. Du wirst Möglichkeiten finden, die für dich stimmen, oder du probierst Strategien aus, die andere bereits erprobt haben. Dazu gehören zum Beispiel die kleinen Verse von Zenmeister Doc The oder die Konzentration auf deinen Atem. Du kannst dabei die Aufmerksamkeit auf jeden deiner Atemzüge richten, beim Ein- und Ausatmen, bei jeder Bewegung deiner Lungenflügel. Kommt ein Gedanke oder eine Empfindung auf, so laß sie ganz natürlich im Strom deines Atems mitfließen. Dabei kann es hilfreich sein, leicht und etwas langsamer als gewöhnlich zu atmen, damit du stets daran denkst, daß du deinem Atem folgen willst.

Während du deinem Atem folgst, ist es dir gelungen, für kurze Zeit vollkommen achtsam zu sein. Also schon ein kleiner Erfolg, nicht wahr? Das ist auch ein Grund zu lächeln. Ein kleiner Anflug von einem Lächeln nur, das deinen Erfolg bezeugen soll. Sehe ich dich lächeln, weiß ich sofort, daß du in Achtsamkeit verweilst. Erhalte dir stets dein Lächeln, jenes Halblächeln eines Buddha. Dieser zarte Ansatz eines Lächelns – wie viele Künstler haben nicht schon versucht, ihn auf zahllosen Buddhastatuen darzustellen? Vielleicht hast du die Statuen von Angkor Wat in Kambodscha gesehen oder die von Gandhara im Nordwesten Indiens. Ich bin sicher, daß die Bildhauer dasselbe Lächeln auf den Lippen hatten, als sie an den Statuen arbeiteten. Oder kannst du dir einen wütenden Bildhauer vorstellen, der ein solches Lächeln hervorzaubern will? Wohl kaum. Ich kenne den Bildhauer, der die »Parinirvana«-Statue auf dem Berg Tra Cu in Vietnam geschaffen hat. Er arbeitete sechs Monate an dieser Statue, lebte in dieser Zeit als Vegetarier, praktizierte Sitzmeditation und studierte die Sutren. Auch das Lächeln der Mona Lisa ist leicht, eine Andeutung nur. Selbst solch ein Anflug von Lächeln reicht bereits aus, um sämtliche Gesichtsmuskeln zu entspannen, um alle Sorgen, alle Erschöpfung zu verbannen. Der winzige Anflug eines Lächelns auf deinen Lippen nährt die Achtsamkeit und beruhigt dich auf wundersame Weise. Es bringt dir den Frieden zurück, den du verloren hast.

Auch auf einer Wanderung in den Bergen, einem Spaziergang im Park oder am Flußufer kannst du deinem Atem mit einem Halblächeln auf den Lippen folgen. Fühlst du dich erschöpft oder gereizt, so lege dich hin, deine Arme seitlich ausgestreckt, und gestatte deinen Muskeln, sich zu entspannen; dabei hältst du nur die Achtsamkeit gegenüber deinem Atem und deinem Lächeln aufrecht. Solch eine Entspannungsübung ist wundervoll und erholsam. Sie bringt dir viel, wenn du sie ein paarmal am Tag durchführst. Das Glücksgefühl, das durch achtsames Atmen und ein Lächeln entsteht, tut dir und den Menschen um dich herum gut. Sicher kannst du eine Menge Geld ausgeben, um Geschenke für deine Familie zu kaufen, aber damit schenkst du ihnen nicht so viel wirkliches Glück wie durch das Geschenk der Achtsamkeit, des Atmens und des Lächelns; diese Art von Geschenk kostet nicht einmal Geld.

Rhythmisches Atmen

Bist du zu unruhig und gestreßt, um deinem Atem zu folgen, solltest du lieber deine Atemzüge zählen. Während des ersten Ein- und Ausatmens zählst du »eins« und merkst es dir. Beim nächsten Ein- und Ausatmen zählst du zwei« und mußt es dir wieder merken. Auf diese Weise fährst du fort bis »zehn«. Dann beginnst du wieder mit »eins«. Verlierst du irgendwann einmal den Faden, beginne wieder von vorn. Bist du aber ruhig und konzentriert, so kannst du deinem Atem auch ohne Zählen folgen.

Hast du schon einmal Gras mit einer Sense geschnitten? Vor fünf oder sechs Jahren besorgte ich mir einmal eine Sense und versuchte, das Gras um mein Häuschen herum damit zu schneiden. Eine

Woche brauchte ich, bis ich schließlich herausgefunden hatte, wie ich die Sense am geschicktesten handhaben konnte. Dabei ist alles von Wichtigkeit: wie du dastehst, wie du die Sense hältst, und auch der Winkel, in dem das Sensenblatt über das Gras fährt. Schließlich fand ich heraus, wie ich länger damit arbeiten konnte. Ich koordinierte die Armbewegungen mit dem Rhythmus meiner Atemzüge und arbeitete ohne Eile, während ich die Achtsamkeit stets auf mein Tun gerichtet hielt. Tat ich das nicht, war ich nach zehn Minuten bereits erschöpft. Eines Tages kam ein italienischstämmiger Franzose zu meinem Nachbarn zu Besuch, und ich bat den Mann, mir zu zeigen, wie man eine Sense benutzt. Er war sicherlich gewandter darin als ich, aber überwiegend hatte er dieselbe Haltung, dieselben Bewegungen. Überrascht stellte ich fest, daß auch er seine Bewegungen mit dem Atem koordinierte. Seitdem weiß ich: Wann immer mein Nachbar sein Gras mit der Sense mäht, praktiziert er Achtsamkeit.

Vorher hatte ich mich schon anderer Werkzeuge bedient – Hacke, Schaufel, Harke –, und immer koordinierte ich Atem und Bewegung. Ich stellte fest, daß die meisten Arbeiten, außer den wirklich schweren wie Felsbrocken beiseite rücken und volle Schubkarren bewegen (bei denen eine ungeteilte Achtsamkeit schwerfällt), eigentlich auf entspannte und achtsame Weise getan werden können. Dazu gehören umgraben, Furchen ziehen, säen, düngen und wässern. In den letzten Jahren habe ich darauf geachtet, mich nicht zu ermüden oder außer Atem zu geraten. Ich möchte meinen Körper nicht schädigen, sondern ihn mit Respekt behandeln, wie ein Musiker sein

Instrument. Also gehe ich mit meinem Körper »gewaltlos« um, denn er ist ja nicht nur das Mittel, um den meditativen Weg zu beschreiten, sondern er selbst *ist* der Weg. Er ist nicht nur der Tempel, er ist auch der alte Weise. Auch meine Werkzeuge für die Gartenarbeit und das Buchbinden schätze ich und gehe respektvoll mit ihnen um. Ich benutze sie, während ich meinem Atem folge, und ich spüre, wie diese Werkzeuge und ich in einem gemeinsamen Rhythmus atmen.

Ein Gedicht und ein Pfefferminzstrauch

Welche Art von Arbeit du täglich verrichtest, weiß ich nicht, aber ich weiß, daß mir bei einigen Arbeiten die Achtsamkeit leichter fällt als bei anderen. Das Schreiben in Achtsamkeit ist zum Beispiel schwer. Ich bin mittlerweile an den Punkt gelangt, daß ich weiß, wann ein Satz beendet ist. Doch noch immer vergesse ich beim Schreiben des Satzes manchmal die Achtsamkeit. Deshalb habe ich auch in den vergangenen Jahren mehr körperliche Arbeit verrichtet als geschrieben. Jemand sagte zu mir: »Sicherlich mag das Anpflanzen von Tomaten und Salat das Tor zu allem bedeuten, aber nicht jeder Mensch ist so begabt wie du, Bücher, Geschichten und Gedichte zu schreiben. Bitte vergeude deine Zeit nicht mit körperlicher Arbeit!« Ich habe niemals meine Zeit vergeudet. Einen Samen einpflanzen, Geschirr abwaschen oder Gras mähen ist auch ein ewig gültiger Beitrag und genauso schön wie das Schreiben eines Gedichts. Ich wüßte nicht, was an einem Gedicht besser sein sollte als an einem Pfefferminzpflänzchen. Samen zu säen macht mir ebenso viel Freude wie

Gedichte zu schreiben. Für mich hat ein Salatkopf oder ein Pfefferminzstrauch eine immerwährende Wirkung auf Zeit und Raum – genau wie ein Gedicht.

1964 gründete ich mit anderen zusammen die Universität für höhere buddhistische Studien. Dabei unterlag ich einer schwerwiegenden Fehleinschätzung. Die Studentinnen und Studenten, unter ihnen junge Mönche und Nonnen, studierten hier nur noch Bücher, Schriften und Theorien. Am Ende hatten sie lediglich eine Handvoll Wissen angehäuft und ihr Diplom in der Tasche. In früheren Zeiten dagegen wurden die Novizen bei ihrem Eintritt in ein Kloster sofort in den Garten geführt, um dort das Jäten, Wässern und Pflanzen in vollkommener Achtsamkeit zu erlernen. Das erste Buch, das sie als Lektüre erhielten, war die Vers-Sammlung von Meister Doc The; sie enthält Gedichte zum Zuknöpfen der Jacke, zum Händewaschen, zum Überqueren des Flusses, zum Wasserholen und zum Finden der Schuhe am Morgen – lauter praktische Dinge also. Mit Hilfe dieses Buches konnten die Novizen sich den ganzen Tag über in Achtsamkeit üben. Später erst begannen sie, die Sutren zu studieren, an Gruppengesprächen teilzunehmen und Einzelunterredungen mit dem Meister zu führen; aber auch dann gingen die geistigen Studien Hand in Hand mit den praktischen Übungen. Wenn ich mich noch einmal am Aufbau einer Universität beteiligen würde, täte ich es nach dem Vorbild der alten Klöster. Es wäre dann eine Gemeinschaft, in der alle Studierenden im Sonnenlicht der Achtsamkeit essen, schlafen, arbeiten und ihren Alltag leben. Etwa so wie die Arche-Gemeinschaft in

Frankreich oder die Shanti-Niketan- oder die Phuong-Boi-Gemeinschaften. Ich bin sicher, daß sich die Studienzentren der verschiedenen Religionen in aller Welt gleichen. Sie sind gleichzeitig gute Modelle für Universitäten.

Eine spirituelle Heimat schaffen

Wir alle brauchen einen Ort, zu dem wir uns »zugehörig« fühlen, ein Meditationszentrum oder ein Kloster etwa, wo alles, die Landschaft, der Klang der Glocke und sogar die Gebäude uns daran erinnern, zur Achtsamkeit zurückzukehren. Es ist hilfreich, ab und zu für einige Tage oder Wochen an solch einen Ort zu fahren, um uns zu regenerieren. Und selbst wenn wir nicht dorthin fahren können, genügt es schon, an diesen Ort zu denken, um lächeln und Frieden und Glück empfinden zu können.

Die Menschen, die dort leben, sollten Frieden und Frische ausstrahlen – die Früchte eines Lebens in Achtsamkeit. Sie müssen immer für uns da sein, um für uns zu sorgen, uns zu trösten und uns zu unterstützen; sie sollen uns helfen, unsere Wunden zu heilen. Jeder und jede von uns braucht eine spirituelle Heimat, wo wir uns von Zeit zu Zeit meditativ zurückziehen können; so etwa, wie wir als Kinder zu unserer Mutter rannten, wenn wir Hilfe und Zuwendung suchten.

Gegen Ende der fünfziger Jahre haben einige von uns im Dalat-Wald in Vietnam die spirituelle Einsiedelei »Duftende Palme« (Phuong Boi) gegründet. Sie wurde unsere spirituelle Heimat. Später gingen viele von uns fort, um andere Projekte ins Leben zu rufen: den La-Boi-Verlag, die Schule der Jugend für Sozialarbeit, die Van-Hanh-Universität, das Thuong-Chieu-Kloster. Stets erinnerten wir uns dabei an Phuong Boi, und wir machten jede dieser neuen Einrichtungen zu einer spirituellen Heimat ganz eigener Art. Viele von euch arbeiten in Institutionen, die einen sozialen Wandel anstreben, und benötigen dringend solch einen Ort der Heilung. Als der Krieg uns daran hinderte, nach Phuong Boi zurückzukehren, gingen wir ins Kloster Thuong Chieu, und als es dorthin keinen Zugang mehr gab, bereiteten wir die Gründung von Plum Village in Frankreich vor.

Singen, wirklich singen

Wir leben ein extrem geschäftiges Leben. Auch wenn wir nicht mehr so hart arbeiten müssen wie die Menschen früher, haben wir doch offenbar selten genug Zeit für uns selbst. Ich kenne Leute, die sagen, sie haben nicht einmal die Zeit, um zu atmen und zu essen, und ich nehme ihnen das sogar ab! Was kann man da tun? Können wir mit beiden Händen nach der Zeit greifen und unser Tempo drosseln?

Zunächst wollen wir die Fackel der Achtsamkeit entfachen und wieder neu lernen, wie man achtsam Tee trinkt, abwäscht, geht, sitzt, Auto fährt und arbeitet. Wir dürfen uns nicht von den Umständen mitreißen lassen. Wir sind keineswegs nur ein Blatt oder ein Stück Holz in einem reißenden Fluß. Sind wir achtsam, so gewinnt jede unserer täglichen Handlungen eine neue Bedeutung. Dann wird uns klar, daß wir mehr sind als nur eine Maschine, daß wir nicht nur hirnlos immergleiche Bewegungen ausführen. Wir entdecken das Wunder des Lebens, des Universums, entdecken, daß auch wir ein Wunder sind.

Wenn Verwirrung und Zerstreutheit in uns überhand genommen haben, können wir uns fragen: »Was genau tue ich gerade? Vergeude ich mein Leben?« Schon durch unser Fragen entflammt von neuem das Licht der Achtsamkeit, und unsere Aufmerksamkeit kehrt zum Atem zurück. Ganz natürlich bildet sich ein kleines Lächeln auf unseren Lippen, und auf einmal wird jede Sekunde unseres Lebens lebendig. Wenn du singen möchtest, sing bitte! Singe wirklich!

Ein Professor der Politikwissenschaft fragte mich, woran ich denke, wenn ich meditiere. Ich erklärte ihm: »Ich denke an gar nichts.« Ich sagte, daß ich nur aufmerksam dem folge, was da ist, was gerade geschieht. Er schien skeptisch, aber es ist die Wahrheit. Während ich sitze, gebrauche ich meinen Intellekt so gut wie gar nicht, versuche nicht, Dinge zu analysieren oder komplexe Probleme zu lösen – wie etwa Mathematikaufgaben oder Rätsel. Selbst wenn ich mich mit einem *kung-an* (japanisch: *koan*) beschäftige, lasse ich nur zu, daß es da ist, betrachte es, mache aber keinen Versuch, es zu erklären oder zu interpretieren; denn ich weiß, daß ein Kung-an kein Puzzle ist, das man lösen kann. Untersuchen oder Betrachten im Sinne der Achtsamkeit bedeutet keineswegs Analysieren. Es bedeutet lediglich ständiges Wahrnehmen. Denken ist eine angestrengte geistige Tätigkeit, die uns schnell ermüdet. Dazu kommt es nicht, wenn wir nur voller Achtsamkeit ruhen und einfach »wahrnehmen«. Oft

Judith

glauben wir fälschlich, beim Meditieren müßten wir eine Menge grauer Gehirnzellen in Bewegung setzen, aber das trifft überhaupt nicht zu. Ein Meditierender ist kein Denker; ein Meditierender leistet keine Denkarbeit. Ganz im Gegenteil: Meditation gönnt dem Geist Ruhe.

Seit Beginn unseres Gesprächs habe ich meinen Gast kein einziges Mal gebeten, die graue Masse seiner Gehirnzellen zu betätigen. Statt dessen habe ich ihn eingeladen, bestimmte Dinge mit mir gemeinsam zu »sehen«, »wahrzunehmen«.

Dazu müssen wir uns konzentrieren, aber nicht analysieren. Wir müssen aufmerksam sein, aber ohne zu spekulieren oder zu interpretieren. Aufmerksam sein bedeutet reine Aufmerksamkeit an den Tag legen. Sie ist das Vehikel, das dich vom Schlaf zum Wachzustand bringt. Wenn du nicht *weißt*, daß du wütend bist, etwas empfindest, denkst, sitzt und so weiter, dann befindest du dich im Schlafzustand. In seinem Roman *L'étranger (Der Fremde)* beschreibt Albert Camus seinen Anti-Helden als einen Menschen, der »lebt, als sei er tot.« Das ist ein Leben wie in einem dunklen Raum, in den nie der Lichtstrahl der Achtsamkeit fällt. Zündest du die Leuchte der Achtsamkeit an, gelangst du vom Schlaf zum Erwachen. Das Sanskrit-Wort *budh* bedeutet »erwachen«, und ein Mensch, der erwacht, wird Buddha genannt. Das ist ein Mensch, der stets wach ist. Ab und zu haben wir diese Art von Achtsamkeit, und so sind wir »Gelegenheits-Buddhas«.

Achtsamkeit, Konzentration, Verstehen

Achtsamkeit, auch Gewahrsein genannt (auf Pali *sati*, auf Sanskrit *smriti*), bedeutet einfach nur, »sich einer Sache bewußt sein«, »sich erinnern« oder »sich mit etwas vertraut machen«. Allerdings sollten wir es anwenden im Sinne von »gerade dabeisein, sich einer Sache bewußt zu werden« oder »gerade dabei sein, sich an etwas zu erinnern«. Den Begriff Achtsamkeit, Gewahrsein, haben wir im Sinne von Wahrnehmung, reine Aufmerksamkeit, kennengelernt, aber damit ist die Bedeutung noch nicht ausgeschöpft. In der Achtsamkeit finden wir auch Anteile von Konzentration bzw. Sammlung (*samadhi*) und Verstehen (*prajña*). Konzentration und Verstehen zusammen machen einerseits die Stärke der Achtsamkeit aus und sind gleichzeitig auch deren Frucht. Wann immer die Leuchte der Achtsamkeit brennt, gesellen sich Konzentration (Einsgerichtetheit) und Verstehen (Klarblick) ganz natürlich dazu. Die Wörter Konzentration und Verstehen werden oft zur Bezeichnung der Konsequenzen und Auswirkungen verwendet. Die Voraussetzungen oder Ursachen können wir mit den Worten »innehalten« und »schauen« umschreiben. Können wir innehalten und aufmerksam schauen, dann gelingt es uns auch, klar zu sehen. *Was* aber hat innezuhalten, aufzuhören? Unachtsamkeit, Zerstreutheit und Verwirrung – der Zustand des Mangels an Achtsamkeit, der Abwesenheit von Bewußtheit – *ihn* gilt es zu beenden. Beenden heißt keineswegs unterdrücken. Es geht nur darum, Unaufmerksamkeit in Aufmerksamkeit und den Mangel an Achtsamkeit in das Vorhandensein von Achtsamkeit zu verwandeln.[3]

Die Meditationspraxis ist keine Übung im Analysieren oder Argumentieren. In der Achtsamkeitspraxis gibt es für das Schwert der Logik keine Verwendung, genauso wenig in der Praxis von Sammlung und Verstehen, von Innehalten und Schauen. Wenn wir in Vietnam einen Topf mit getrocknetem Mais aufsetzen, entfachen wir gezielt ein Feuer unter dem Topf, und nach ein paar Stunden des Kochens lösen sich die Kerne ab und springen auf. Wenn die Hitze der Sonnenstrahlen den Schnee berührt, beginnt er allmählich zu schmelzen. Sitzt eine Henne auf ihren Eiern, nehmen die Küken im Innern langsam Gestalt an, bis sie ausgewachsen sind und sich ihren Weg nach außen picken. Mit diesen bildhaften Vorstellungen können wir uns die Wirkung der Meditationspraxis verdeutlichen.

Ziel dieser Praxis ist es, das wahre Gesicht der Wirklichkeit zu erkennen, einer Wirklichkeit, die aus Geist und Geistesobjekt besteht. Wann immer wir vom Geist und den äußeren Erscheinungen der Welt sprechen, sind wir sofort in einer dualistischen Sicht des Universums gefangen. Benutzen wir hingegen die Worte Geist und Geistesobjekt, können wir damit den Schaden vermeiden, den das Schwert der konzeptuellen Unterscheidung anrichtet. Die Wirkung der Meditation ist die des Feuers unter dem Topf, die der Sonnenstrahlen auf dem Schnee, ist wie die Wärme der Henne auf den Eiern. In keiner dieser drei Situationen geht es um einen Versuch der Argumentation oder Analyse, sondern um geduldige und anhaltende Konzentration. Wir können zulassen, daß die Wahrheit ans Tageslicht kommt, können sie aber nicht mit Hilfe von Mathematik, Geometrie, Philosophie oder anderen bildhaften Vorstellungen unseres Intellekts beschreiben.

Ein Kung-an untersuchen

»Die Wahrheit kann nicht durch Konzepte erfaßt werden.« Ich weiß nicht, wer dies zuerst sagte. Auch wir empfinden so, wenn wir uns darauf konzentrieren, etwas zu beobachten. Das Schwert des konzeptorientierten Denkens schneidet die Wahrheit lediglich in lauter kleine, leblose Einzelteile, die scheinbar alle voneinander unabhängig sind. Viele Wissenschaftler erkennen heutzutage an, daß es oft erst durch Eingebung zu großen Entdeckungen kommt. Für sie ist demnach die Vernunft kein Mittel zur Entdeckung, sondern eher ein Werkzeug, mit dem sie jene hinterher erläutern und untermauern können. Völlig unerwartet kommt es oft zu diesen Entdeckungen, zu einem Zeitpunkt, an dem die Wissenschaftlerin, der Wissenschaftler gar nicht mit Denken, Analysieren und logischen Beweisen beschäftigt ist. Solch erhellendes Erkennen entsteht gerade deshalb, weil die Forscherin oder der Forscher die Aufmerksamkeit ausdauernd und konzentriert auf das Problem gerichtet hält – beim Essen, Gehen, Reden, ja sogar im Schlaf noch, in jedem Augenblick. Genauso gehen Menschen vor, die sich mit einem Kung-an beschäftigen. Wir sagen »über ein Kung-an meditieren«, aber genauer wäre es, davon zu sprechen, daß man »ein Kung-an untersucht« oder »betrachtet«. Alle Lebensprobleme, alle Gefühle wie Leidenschaft, Haß, Traurigkeit und Leid können als »Untersuchungsobjekte« bezeichnet werden, ebenso alle Arten von gedanklichen Vorstellungen wie Geburt, Tod, Form, Leerheit, Existenz und Nicht-Existenz.

Achtsamkeit ist Ursache und Wirkung zugleich

Achtsamkeit ist gleichzeitig Ursache und Wirkung, Sammlung und Verstehen, Innehalten und Schauen. Sobald das Licht der Achtsamkeit erstrahlt, sammeln wir uns, sind friedvoll, sehen uns selbst viel klarer. Wenn ein Stromgenerator läuft, fließt der Strom zur Glühlampe. Läuft er, während eine Batterie sich auflädt, akkumuliert sich die Energie in der Batterie. Genauso wird Konzentration und Verstehen gespeichert, wenn Achtsamkeit aufrechterhalten wird. Das nennen wir dann »intensives Arbeiten«. Selbst im Schlaf noch läßt die Konzentration nicht nach, und das Kung-an wird weiterhin untersucht, ohne daß der schlafende Mensch es merkt. Manchmal bleiben wir sogar im Traum achtsam. Wenn ich intensiv praktiziere, kann ich sogar in meinen Träumen erkennen, daß ich die Achtsamkeit aufrechterhalte.

Sich das Unvorstellbare vorstellen

Die wissenschaftliche Methode besteht darin, das Beobachtungsfeld möglichst klein zu halten, damit man die Dinge klarer erkennt. Je kleiner das Beobachtungsfeld, desto intensiver die Aufmerksamkeit. Im Bereich der subatomaren Teilchen haben die Wissenschaftler jedoch entdeckt, daß jedes Teilchen von allen anderen Teilchen beeinflußt wird und sogar vom Geist des wissenschaftlichen Beobachters. In der Folge hat sich eine Richtung in der theoretischen Physik, die sogenannte »bootstrap«-Theorie, entwickelt, die besagt, daß die Existenz jedes Dinges und jedes Lebewesens von der Existenz jedes anderen Dinges und jedes anderen Lebewesens im Universum abhängig ist. Unsere gewohnte Sicht ist, daß Dinge aus einzelnen Teilchen bestehen, aber in Wahrheit hängen *alle* Teilchen von *allen* anderen Teilchen ab, und keines hat eine eigene Individualität; jedes Teilchen besteht aus allen anderen Teilchen. Diese Theorie kommt dem, was im *Avatamsaka Sutra* beschrieben wird, sehr nahe: »Eins ist alles, und alles ist eins.«[4]

Wenn Wirklichkeit Interaktion, »Intersein« (Miteinander-Verbundensein) ist, wie können wir dann ihre Essenz erfassen? Das *Tsao-Tung*- (japanisch: Soto-) Zen lehrt seine Meditierenden, nur zu beobachten, ohne zu urteilen, ohne Spekulationen anzustellen. Es heißt dort: »Wie kann man sich das Unvorstellbare vorstellen? Nicht denken – das ist die Essenz des Zen.« Ich schätze die vietnamesischen Worte *quan chieu*, denn sie drücken die Vorstellung aus vom Licht, das auf etwas gerichtet wird, damit man es erkennen kann; man schaut ganz frei von jeglicher Spekulation, Überlegung, Interpretation oder Beweisführung. Scheint die Sonne stetig auf eine Lotusblume, öffnet diese sich weit, zeigt ihr Herz, den Fruchtknoten. Genauso geschieht es mit der Wirklichkeit – durch beständiges Schauen entfaltet sie sich sanft ganz von selbst. Bei der Meditation sind Subjekt und Objekt reiner Beobachtung nicht zu trennen.

Vor Beginn des zwanzigsten Jahrhunderts zog man in der wissenschaftlichen Forschung stets eine Trennlinie zwischen der Forscherin oder dem Forscher und dem Forschungsobjekt. Dies geschieht auch heute noch oft, außer auf dem Gebiet der atomaren Forschung. Eine Virologin und das Virus unter dem Mikroskop betrachtet man als zwei getrennte und voneinander unabhängige Wesenheiten.[5]

Die Haltung der Meditation drückt das genaue Gegenteil aus. Denken wir an die Verbindung von Sonnenschein und grünem Blatt. Erhellen wir etwas mit unserer Achtsamkeit, verändert es sich; schließlich vermischt es sich und verschmilzt mit der Achtsamkeit. Spürst du zum Beispiel, daß du glücklich bist, dann sagst du: »Ich spüre, daß ich glücklich bin.« Gehst du einen Schritt weiter, sagst du vielleicht: »Ich bin mir dessen bewußt, daß ich verspüre, wie ich glücklich bin.« Drei Ebenen gibt es: das Glücksgefühl, das Wahrnehmen des Glücksgefühls und das Wahrnehmen des Wahrnehmens des Glücksgefühls. Dieses Schwert des konzepthaften Denkens biete ich hier deshalb an, weil ich damit etwas aufzeigen möchte; in Wahrheit sind diese drei Ebenen natürlich eine einzige.

Im *Satipatthana Sutta*[6], einer buddhistischen Schrift, die Achtsamkeit lehrt, werden Formulierungen wie »den Körper im Körper beobachten«, »die Gefühle in den Gefühlen beobachten«, »den Geist im Geist beobachten« und »die Geistesobjekte in den Geistesobjekten beobachten« verwendet. Warum werden da die Begriffe Körper, Gefühle, Geist und Geistesobjekte wiederholt? Manche

Meister des Abhidharma erklären, daß dadurch die Wichtigkeit dieser Begriffe unterstrichen werden soll. Das sehe ich anders. Diese Wiederholung der Begriffe dient meines Erachtens dazu, uns daran zu erinnern, daß wir die meditierende Person und das Objekt der Meditation nicht voneinander trennen dürfen. Statt dessen müssen wir mit dem Objekt leben, uns mit ihm identifizieren, mit ihm verschmelzen, so, wie ein Salzkorn sich im Meer auflöst, wenn es den Salzgehalt des Meeres ermessen will.

So verhält es sich auch mit einem Kung-an. Es stellt kein Problem dar, das man mit dem Intellekt lösen kann. Ein Kung-an ist auch kein Kung-an, wenn es jemand anderem gehört – es ist nur dann eins, wenn es unser eigenes ist. Unsere eigene Frage zum Leben und zum Tod muß es darstellen – und es ist unlösbar mit unserem Alltag verbunden. Wir müssen es mit jeder Faser in uns aufgenommen haben; wir sind der Nährboden, auf dem es gedeiht. Nur dann werden seine Früchte und Blüten auch die unseren sein.

Das Wort »begreifen« beinhaltet, daß wir etwas ergreifen und es dann mit uns selbst verbinden. Analysieren wir jemanden nur »von außen«, ohne mit dem Menschen eins zu werden, ohne uns seine Schuhe anzuziehen, in seine Haut zu schlüpfen, dann werden wir ihn nie wirklich verstehen. Der Theologe Martin Buber sagte einmal, die Beziehung zwischen Mensch und Gott sei keineswegs die von Subjekt zu Objekt, da Gott nicht das Objekt unseres Wissens, unserer Erkenntnis sein kann. Im zwanzigsten Jahrhundert sind Physiker zur Erkenntnis gelangt, daß kein völlig objektives Phänomen existieren kann, also eins, das unabhängig vom Geist des Beobachtenden wäre. Entsprechend stellen alle subjektiven Phänomene oder Erscheinungen einen objektiven Tatbestand dar.

Der Tanz der Bienen

Lege dein Schicksal nicht in fremde Hände

Eines Abends kehrte ich von einer Bergwanderung zu meiner Klause zurück und mußte feststellen, daß sämtliche Türen und Fenster offenstanden. Ich hatte sie nicht gesichert, als ich losging, und so hatte ein kalter Wind sie aufgestoßen und, als er durchs Haus fegte, all meine Papiere vom Tisch durcheinandergewirbelt und im Raum verstreut. Schnell schloß ich Türen und Fenster, machte die Lampe an, hob die Papiere wieder auf und legte sie säuberlich auf den Tisch. Dann zündete ich im Kamin ein Feuer an, und schon bald erwärmten die knisternden Holzscheite den Raum.

Manchmal fühlen wir uns inmitten vieler Menschen müde, uns ist kalt, wir sind einsam. Dann wollen wir uns lieber zurückziehen, allein sein, bis uns wieder warm wird. So ging es mir dort in meiner Hütte: Ich saß am Kamin, das Feuer wärmte mich und ich fühlte mich beschützt vor dem kalten, nassen Wind. Unsere Sinne sind die Fenster nach draußen, zur Außenwelt, und manchmal bläst der Wind kräftig und wirbelt alles in uns durcheinander. Viele von uns lassen ständig die Fenster offenstehen, lassen alle Bilder, alle Geräusche der Außenwelt hereinstürmen, eindringen und unser trauriges, verwirrtes Selbst entblößen. Uns ist kalt, wir sind einsam und haben Angst. Siehst du manchmal einen schrecklichen Fernsehfilm und schaffst es nicht, auszuschalten? Die gräßlichen Geräusche, Gewehrfeuer – sie bedrängen dich. Trotzdem stehst du nicht auf und schaltest den Fernseher aus. Warum tust du dir das an? Willst du deine Fenster denn nicht schließen? Hast du Angst vor der Einsamkeit – der Leere, dem Alleinsein, das dann aufkommen könnte?

Wir sind, was wir fühlen und wahrnehmen. Sind wir wütend, so sind wir die Wut. Sind wir verliebt, so sind wir die Liebe. Betrachten wir einen schneebedeckten Berg, so sind wir der schneebedeckte Berg. Schauen wir uns ein mieses Fernsehprogramm an, sind wir das Fernsehprogramm. Während wir träumen, sind wir der Traum. Wir können sein, was immer wir wollen, ganz ohne Zauberstab. Warum aber öffnen wir unsere Fenster schlechten Filmen und Fernsehsendungen? Solche Filme haben sensationslüsterne Produzenten auf der Jagd nach dem schnellem Geld hergestellt, Filme, bei denen wir Herzklopfen bekommen und die Fäuste ballen. Nach Verlassen des Kinos stehen wir dann völlig erschöpft auf der Straße. Wer läßt zu, daß solche Filme und Sendungen produziert werden – besonders für kleine Kinder ...? *Wir* sind es! Wir fordern viel zu wenig, schauen uns alles an, was über den Bildschirm flimmert, einsam, träge, gelangweilt – unfähig, unser Leben selbst zu gestalten. Wir stellen den Fernseher an und lassen ihn laufen, lassen zu, daß andere uns lenken,

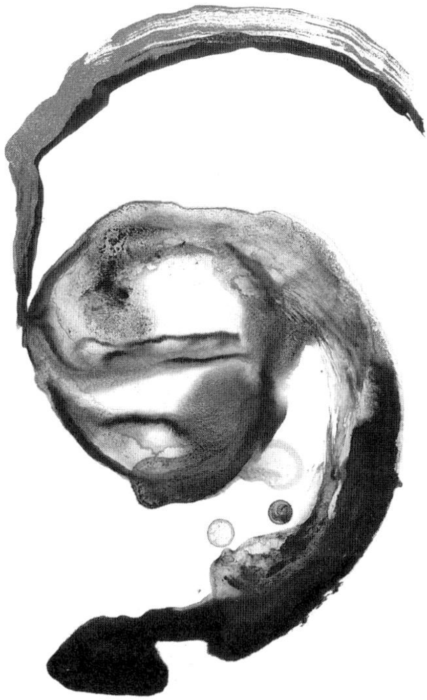

judith 241197

formen – und zerstören. Wenn wir uns selbst so aufgeben, dann überlassen wir anderen unser Schicksal – Leuten ohne Verantwortungsgefühl. Wir müssen vorsichtig sein mit Sendungen, die schädlich für unsere Nerven, unseren Geist und unser Gemüt sind; wir sollten uns nur Sendungen und Filme ansehen, die uns guttun.

Ich spreche nicht nur von Filmen und Fernsehsendungen. Stoßen wir nicht überall auf Köder, die unsere Mitmenschen und auch wir selbst ausgelegt haben? Wie oft lassen wir uns an einem einzigen Tag davon verführen und zerstreuen? Wir sollten sehr sorgfältig mit unserem Schicksal und unserem Frieden umgehen. Das bedeutet keineswegs, daß wir alle Fenster schließen müssen, denn die »Welt da draußen« ist auch voller Wunder. Öffne deine Fenster diesen Wundern. Betrachte jedes dieser Wunder im Licht der Achtsamkeit. Selbst wenn du an einem klaren, dahinströmenden Fluß sitzt, wunderbarer Musik lauschst oder einen ausgezeichneten Film ansiehst – überlasse dich nie ganz dem Strom, der Musik oder dem Film. Sei dir weiterhin deiner selbst und deines Atems bewußt. Wenn die Sonne der Achtsamkeit in uns erstrahlt, gelingt es uns, den meisten Gefahren aus dem Weg zu gehen – dann wird der Fluß reiner, die Musik harmonischer und die Seele des Künstlers oder der Künstlerin im Film vollkommen sichtbar.

Ein Mensch, der gerade erst zu meditieren beginnt, möchte vielleicht lieber die Stadt verlassen und sich aufs Land begeben, wo es ihm leichter fällt, jene Fenster zu schließen; stünden sie offen, würde das seinen Geist beeinträchtigen. Dort kann er nun eins werden mit dem stillen Wald und sich langsam wieder erholen, ohne daß das Chaos der »Außenwelt« ihn durcheinanderbringen könnte. Die Frische und Ruhe des Waldes tragen dazu bei, daß man voller Achtsamkeit bleiben kann. Ist die Achtsamkeit richtig verankert, kann man sie ohne Schwankungen aufrechterhalten. Dann ist der Zeitpunkt gekommen, voller Freude wieder in die Stadt zurückzukehren; jetzt kann man dort viel ungestörter leben. Bis dieser Punkt jedoch erreicht ist, muß man sehr vorsichtig mit der Achtsamkeit umgehen, jeden Augenblick nutzen, sie zu nähren, und sich dazu die Umgebung und Unterstützung suchen, die einem dabei am ehesten hilft.

Nimm bei Grippe keine kalte Dusche

Jemand, der von Beruf Kritiker ist, liest ein Buch oder betrachtet einen Film mit beobachtendem Geist. Dabei ist sich dieser Mensch seiner Verantwortung als Kritiker bewußt – er läuft nicht Gefahr, ein »Opfer« des Buches oder des Films zu werden. Er behält die Kontrolle. Lebst du voller Achtsamkeit, so behältst du auch die Kontrolle über dich. Auch wenn deine Fenster zur Welt offenstehen, kann diese dich nicht in ihren Bann zwingen. Daß wir unsere Sinne schützen müssen, liegt daran, daß wir noch nicht stark genug sind, der Welt uneingeschränkt zu begegnen, wie jemand, der eine Erkältung oder Grippe hat, zu entkräftet ist, um eine kalte Dusche zu nehmen.

Eines Tages hatte mich der La-Boi-Verlag, eine kleine Verlagsgesellschaft, die einige von uns in Vietnam gegründet hatten, eingeladen, etwas über Kunst und Schreiben vorzutragen. Ich sagte dort,

Kunst und Schreiben müßten beides leisten – aufdecken und heilen. Aufdecken heißt, die wahre Situation in Volk und Gesellschaft aufzuzeigen. Heilen bedeutet, Wege aufzuzeigen, wie wir sie heilen können. Der Buddha wird oft als König der Heiler bezeichnet, weil seine Lehre für jedes Wesen und jede Situation zutrifft. Prinz Siddharta zog sich in den Wald zurück, wo er viele Jahre lang an einem Fluß saß, bevor er in die Welt der Menschen zurückkehrte.

Heutzutage leben wir in einer Gesellschaft, die lärmend, verschmutzt und voller Ungerechtigkeit ist, aber noch immer können wir uns für Augenblicke in einen Park oder an ein Flußufer zurückziehen. Die zeitgenössische Musik, Literatur und Unterhaltungsindustrie bieten wenig Möglichkeiten, uns zu heilen, im Gegenteil – finden wir darin doch genau die Bitterkeit, den Überdruß und die Verzweiflung, die wir alle verspüren. So müssen wir nach Möglichkeiten suchen, uns zu schützen. Wir müssen lernen, wann wir unsere Sinnesfenster öffnen und wann wir sie lieber schließen sollten. Dies ist der erste Schritt für angehende Meditierende.

Ich stelle fest, daß ich eine Umgebung und Dinge um mich herum brauche, die zu mir passen, die zu meinem Wohlbefinden, meinem Frieden und meiner Gesundheit beitragen. Wo kann ich sie finden? Gerade hier in der »Außenwelt«. Ein Wildbach im Wald, die Augen eines Kindes, eine liebe Freundin oder ein lieber Freund, ein ausgezeichnetes Buch, ein Konzert, ein köstliches und gesundes Essen – all diese Dinge kann ich sehr wohl bekommen. Bin ich aber ohne Achtsamkeit, kann ich diese Dinge nicht wirklich genießen und schätzen.

Wenn wir an einem Fluß sitzen, hören wir zu, wie er lacht, wie das Wasser sprudelt, sehen die Kiesel glänzen und betrachten die grünen Pflanzen in seiner Umgebung. Dabei überkommt uns ein Glücksgefühl. Wir fühlen uns eins mit der Frische, der Reinheit und Klarheit des Flusses. Einen Augenblick später haben wir jedoch schon genug davon. Unser Gemüt ist auf einmal voller Unruhe, wir sind mit anderen Dingen beschäftigt. Jetzt sind wir nicht mehr eins mit dem Fluß. Deshalb bringt es auch nichts, in der Atmosphäre eines friedvollen Waldes zu sitzen, wenn wir im Geist eigentlich mit den Angelegenheiten, die die Stadt birgt, beschäftigt sind. Leben wir mit einem Kind oder einer Freundin, einem Freund zusammen, so kann deren Frische und Wärme uns helfen, zur Ruhe zu kommen. Wenn wir aber mit dem Herzen nicht bei ihnen sind, dann ignorieren wir ihre kostbare Präsenz, und sie sind für uns eigentlich gar nicht mehr vorhanden. Um ihren Wert überhaupt schätzen zu können, müssen wir uns ihrer Anwesenheit bewußt sein; dann können sie zu unserem Glück beitragen. Wenn wir durch unsere Achtlosigkeit und Unaufmerksamkeit anfangen, mit ihnen unzufrieden zu sein, zu viel von ihnen zu verlangen oder ihnen Vorhaltungen zu machen, dann laufen wir schließlich Gefahr, sie zu verlieren. Erst wenn sie gegangen sind, werden wir erkennen, wie kostbar sie uns waren, und es bitter bereuen. Sind sie aber erst einmal fort, nützt auch unsere Reue nichts.

Um uns herum birst das Leben schier vor Wundern – ein Glas Wasser, ein Sonnenstrahl, ein Blatt, eine Raupe, eine Blume, ein

Lachen, Regentropfen. Wenn du voller Achtsamkeit lebst, fällt es nicht schwer, überall die Wunder zu erkennen. In jedem menschlichen Wesen sind zahlreiche Wunder. Augen, mit denen wir Tausende von verschiedenen Farben und Formen wahrnehmen können; Ohren, mit denen wir das Summen einer Biene oder einen Donnerschlag vernehmen können; ein Gehirn, das uns ermöglicht, über ein einziges Staubkorn ebenso nachzusinnen wie über den gesamten Kosmos; ein Herz, das im gleichen Rhythmus schlägt wie das aller anderen Wesen. Sind wir erschöpft und enttäuscht von den Anforderungen des Alltags, nehmen wir diese Wunder oft gar nicht wahr, aber sie sind stets da.

Betrachte einmal den Apfelbaum in deinem Garten. Betrachte ihn mit deiner ganzen Aufmerksamkeit. Er ist wahrhaftig ein Wunder. Wenn du das bemerkst, sorgst du gut für ihn, und damit wirst auch du ein Teil seines Wunders. Selbst wenn du ihn erst ein paar Wochen lang gehegt hast, werden seine Blätter grüner, glänzender. Und so ergeht es auch den Menschen um dich herum. Bist du voller Achtsamkeit, wirst du aufmerksamer, verständnisvoller, liebevoller. Deine Gegenwart ist dann nicht nur für dich selbst nährend, macht dich schöner, sondern auch die anderen blühen dabei auf. Die friedvolle Gegenwart eines einzigen Menschen kann somit die gesamte Gesellschaft verändern.

Unser Geist ruft alle Phänomene hervor. Du selbst wirst zum majestätischen, schneefunkelnden Berggipfel, wenn du ihn betrachtest. Seine Gegenwart hängt von deiner Wahrnehmung ab. Wenn du

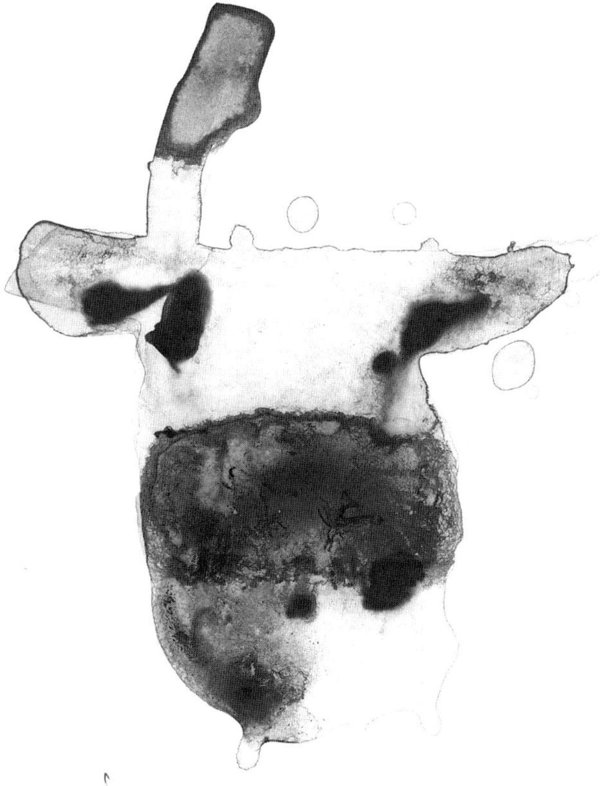
judith 24 11 97

die Augen schließt, ist der Berg noch immer da, solange du mit deiner Achtsamkeit bei ihm bist. Sitzt du in Meditation und hältst einige deiner Sinnesfenster geschlossen, spürst du die Gegenwart des gesamten Universums. Wie kommt das? Weil der Geist anwesend ist. Die Augen zu schließen hilft, besser zu sehen. Die Bilder und Geräusche der Welt sind nicht unsere »Feinde« – es ist vielmehr die Unachtsamkeit, das Fehlen des Gewahrseins.

Mach dich nicht zu einer Kolonie

Während ich dies schreibe, kämpfen französische Arbeiter gerade um eine Arbeitszeitverkürzung von 40 auf 35 Wochenstunden. Sie kämpfen sehr hart darum, aber wie werden sie dann diese fünf Stunden nutzen? Verbringen sie sie genauso wie ihre Samstagabende, nämlich an der Bar oder vor dem Fernseher, so wäre das eine Riesenverschwendung. Wir alle brauchen Zeit, um uns zu entspannen und unser Leben zu genießen, aber wie? Gewöhnlich sehen wir in unserer Freizeit fern, was immer gerade läuft, nur um nicht das Gefühl zu haben, wir hätten nichts zu tun. Das würde nämlich bedeuten, Zeit mit uns selbst zu verbringen. Das Fernsehen macht uns nur noch müder, nervöser, unausgeglichener, aber dieser Wirkungen sind wir uns selten bewußt. Die hart erkämpfte Freizeit wird von den Fernsehanstalten und ihrer Reklame mit Beschlag belegt. Schließlich werden wir zu ihrer Kolonie. Wir sollten nach Wegen suchen, in unserer kostbaren Freizeit wirklich zu entspannen und glücklich zu sein.

Wir können sehr wohl gute Fernsehsendungen anschauen, angenehme Orte aufsuchen, uns mit lieben Freundinnen und Freunden treffen, uns mit guten Büchern und CD's beschäftigen, die uns zusagen. Dann können wir auf zufriedene Weise mit dem leben, was wir gewählt haben. Erinnere dich, wir sind immer das, was wir wählen. Warst du schon einmal bei Sonnenaufgang an einem Strand oder zur Mittagszeit auf einem Berggipfel? Hast du dabei deine Arme weit ausgestreckt, tief eingeatmet, deine Lungen mit der reinen, klaren Luft gefüllt, mit grenzenloser Unendlichkeit und Größe? Hast du dich gefühlt, als seist du selbst der Himmel, das Meer, der Berg? Lebst du zu weit vom Meer oder einem Berg entfernt, so setz dich einfach in Meditationshaltung hin, atme sanft und tief, und schon wird das Meer, der Berg, das gesamte Universum in dir entstehen.

Das Gewußte ist vom Wissenden nicht zu trennen

Bewußt sein bedeutet, sich einer Sache bewußt zu sein. Wenn sich der Geist mit dem Berg beschäftigt, wird er zum Berg. Konzentriert er sich aufs Meer, wird er zum Meer. Sagen wir »wissen«, dann schließt das beides, das Wissen und die wissende Person, mit ein. Meditieren wir über unseren Körper, dann sind wir unser Körper; wir beschränken unsere Beobachtung auf den Körper, auch wenn wir erkennen, daß der Körper nicht getrennt ist vom Rest des Universums. Meditieren wir über den unbegrenzten Raum, so werden wir zum unbegrenzten Raum (*akashanantyayatana*). Meditieren wir über das Bewußtsein, das Raum und Zeit einschließt, so erlangen wir den Zustand unbegrenzten Bewußtseins (*vijñananantyayatana*). Meditieren wir über die fehlende Identität aller Dinge, erreichen wir den Zustand der Nicht-Etwasheit (*akimcanyayatana*). Meditieren wir über die Unterschiedlosigkeit von Wissendem und Gewußtem, gelangen wir in den Zustand von »weder-Wahrnehmung-noch-Nicht-Wahrnehmung« (*naivasamjñanasamjñayatana*). Diese vier formlosen Vertiefungen sind keineswegs so schwer zu erlangen, wie du vielleicht annimmst. Wenn genügend Achtsamkeit vorhanden ist, so richtet sich ihr Lichtschein auf jede Geistesbewegung. Vielleicht möchtest du gern einen dieser Zustände kennenlernen. Dabei ist es gar nicht so wichtig, welchen; vielmehr geht es darum, die Achtsamkeit niemals von dem zu lösen, was du als Objekt der Achtsamkeit betrachtest. Bist du wirklich achtsam, so wird alles – der Körper, Berggipfel oder der Flußlauf – zu deinem Geist.

Vorstellungen von »innen« und »außen« aufgeben

Dir ist sicher schon aufgefallen, daß ich immer, wenn ich von der »äußeren« Welt spreche, dies in Anführungszeichen setze. Ich halte sie nämlich nicht wirklich für »äußerlich«. Schau dir das einmal genau an: Ist die Außenwelt dein Körper? Befindet sie sich außerhalb deines Körpers? Unser Körper – Blut, Fleisch, Knochen – gehört zu dieser »Außenwelt«. Auch unser Hirn und unser Nervensystem können sich ihr nicht entziehen. Gut, man kann vielleicht behaupten, diese einige hundert Kubikzentimeter, die unser Hirn ausmachen, seien »innerlich«. Aber andererseits enthält das Hirn doch auch Raum, und Raum gehört doch zur »Außenwelt«, nicht wahr?

Gehört unser Geist der »Innenwelt« an? Wo kann man den Geist finden? Können wir ihn im Raum wiederfinden? Nein, du kannst ihn lediglich beobachten, ihn dabei beobachten, wie er sich selbst beobachtet. Betrachte bitte deinen Geist einmal so, als sei er etwas Körperliches. Wir wissen, daß der Geist dem Gehirn und dem Nervensystem zugeordnet wird. In ihm finden wir Erinnerungsvermögen, Gefühle, Gedanken, Wahrnehmung und Wissen. Diese geistigen Erscheinungen haben körperliche Ursprünge; sie entstehen und vergehen; sie haben eine eigene Intensität. Können wir sie in Raum und Zeit dingfest machen? Im Raum dient ihnen das Nervensystem als Basis. In der Zeit tauchen sie gestern, heute oder morgen auf. Also kann der Geist als Teil der »Außenwelt« betrachtet werden. Wenn du damit fortfährst, wirst du entdecken, daß eigentlich *alles* der äußeren Welt anzugehören scheint. Aber außerhalb von was? Wie kann es ein »außen« ohne ein »innen« geben?

Nun stürze dich aber nicht gleich auf die Schlußfolgerung, daß die »äußere« Welt demnach dem Geist angehört und daß der Geist das gesamte Universum enthält. Denn diese Schlußfolgerung würde gleichfalls die Unterscheidung von »innen« und »außen« aufrechterhalten. Es ist genauso absurd zu behaupten: »Alles befindet sich im Geist; es gibt nichts außerhalb des Geistes« wie: »Im Geist verwirklicht sich die äußere Welt.«

Unsere Verwirrung fußt auf der Unterscheidung zwischen »innen« und »außen«. Im Alltagsleben ist eine solche Unterscheidung natürlich notwendig. Zu Hause ist es auch an einem kalten

Wintertag in Ordnung, sich leicht anzuziehen. Ziehen wir uns aber nicht warm an, wenn wir hinausgehen, so erkälten wir uns. Die Konzepte von hoch und tief, eins und viele, kommen und gehen, Geburt und Tod sind für unser Alltagsleben vollkommen angemessen. Verlassen wir aber den Bereich des Praktischen, um über die wahre Natur des Universums zu meditieren, müssen wir auch die Konzepte hinter uns lassen. Wenn du beispielsweise nach oben schaust, um die Sterne und den Mond zu betrachten, sagst du, sie seien »oben«. Im selben Augenblick ist aber für jemanden, der sich auf der entgegengesetzten Seite unseres Planeten befindet, die Richtung, in die du schaust, »unten«. Betrachten wir das gesamte Universum, müssen wir solche Vorstellungen wie hoch und tief aufgeben.

Man kann die Wirklichkeit in kein Behältnis sperren

Für einen meditierenden Menschen ist es eine vordringliche Aufgabe, alle Konzepte aufzugeben. Wenn wir unseren Körper, unsere Gefühle und Vorstellungen beobachten, so ordnen wir sie Raum und Zeit zu, genau wie wenn wir physikalische Erscheinungen beobachten. Nun fragst du dich vielleicht: »Wenn der Geist zum Objekt seiner eigenen Beobachtung wird, ist dann das, was erfaßt wird, der Geist selbst oder lediglich eine Projektion, eine Spiegelung des Geistes?« Das ist eine gute Frage. Auch fragst du dich: »Wenn seelische und körperliche Erscheinungen als Objekte beobachtet werden, behalten sie dann ihre wahre Natur, oder werden sie damit nur zu einer Projektion oder Spiegelung der Wirklichkeit, werden also verwandelt, indem man sie zu Beobachtungsobjekten macht?« Unser Geist erschafft Kategorien – Raum und Zeit, oben und unten, innen und außen, ich und andere, Ursache und Wirkung, eins und viele –, und er ordnet auch alle körperlichen und seelischen Phänomene diesen Kategorien zu, bevor er sie untersucht und ihre wahre Natur zu entdecken trachtet. Das ist, wie wenn man Flaschen in allen möglichen Formen und Größen mit Wasser füllt, um herauszufinden, welche Form und Größe Wasser hat. Die Wahrheit selbst transzendiert diese Konzepte, und deshalb mußt du, wenn du sie durchdringen willst, mit allen Konzepten brechen, die du sonst im täglichen Leben verwendest. Die Relativitätstheorie hat die Erkenntnis gebracht, daß wir das Universum nicht erfassen können, wenn wir nicht von der Vorstellung lassen, Zeit und Raum seien absolut und voneinander unabhängig. Die Quantentheorie macht deutlich, daß wir – wollen wir die Welt der subatomaren Teilchen begreifen – uns lösen müssen von Materie und leerem Raum, Ursache und Wirkung, vorn und hinten – von Konzepten, die wir im Alltag als hilfreich erachten.

Verstehen ist die Frucht der Meditation, nicht des Denkens

Vertreter der Quantentheorie wissen heute, daß das Bewußtsein des beobachtenden Menschen in enger Beziehung zum beobachteten Objekt steht, und so widmen sie diesem Bewußtsein immer mehr Aufmerksamkeit. Im Jahr 1979 veranstaltete »France-Culture« ein einwöchiges Treffen im spanischen Córdoba zum Thema »Geist und

Wissenschaft«. Viele berühmte Gelehrte nahmen daran teil, und etliche von ihnen vertraten die Überzeugung, daß die Welt und der Geist von ein und derselben Natur sind.

Obwohl nun viele Wissenschaftlerinnen und Wissenschaftler die grundlegenden Merkmale des Geistes erkannt haben, wollen sie, so fürchte ich, ihn genauso untersuchen wie jedes andere Objekt in ihren Labors. Dann ist es aber wirklich nicht mehr der Geist, sondern lediglich seine Projektion, eine Spiegelung des Geistes, eingerahmt von Konzepten. Denk an die Sentenz im *Satipatthana Sutta:* »Beobachte den Körper im Körper, die Gefühle in den Gefühlen, den Geist im Geist und die Geistesobjekte in den Geistesobjekten.« Das bedeutet, man muß im Körper leben und sich seiner voll bewußt sein; man darf ihn nicht lediglich wie ein abgesondertes Objekt untersuchen. Lebe voller Bewußtsein mit deinen Gefühlen, deinem Geist und den Geistesobjekten. Studiere sie nicht einfach. Wenn wir über den Körper meditieren, leben wir wahrhaftig mit ihm und schenken ihm unsere wache Aufmerksamkeit; wir werden eins mit ihm. Die Blume erblüht, weil der Sonnenschein die Knospe berührt und erwärmt, eins mit ihr wird. Die Meditation eröffnet uns nicht ein Konzept der Wahrheit, sondern erlaubt uns einen direkten Blick auf die Wahrheit. Das nennen wir *Einsicht*, *Erkenntnis* – jene Art von tiefem Verstehen, die auf Aufmerksamkeit und Konzentration beruht. Denken bedeutet in diesem Zusammenhang, daß man gleichsam Schlackebrocken aus dem Speicher der Erinnerung hervorholt, um daraus ein Monument zu erbauen. Solche Bruchbuden und Paläste

judith 241197

nennen wir dann »Gedanken«. Diese Art des Denkens hat jedoch, für sich genommen, keinerlei schöpferischen Wert. Erst wenn das Licht des Verstehens darauf fällt, gewinnt das Denken wirklich an Substanz. Verstehen entsteht aber keineswegs als Resultat des Denkens. Vielmehr ist es das Ergebnis eines langen Prozesses von bewußter Achtsamkeit. Manchmal gelingt es, das Verstehen in Gedanken einfließen zu lassen, aber oft sind Gedanken zu starr und begrenzt, um viel Verstehen zu transportieren. Manchmal ist es eher ein Blick oder ein Lachen, das unser Verstehen, besser als Worte oder Gedanken, zum Ausdruck bringt.

Der Tanz der Bienen

Hast du schon einmal ein Buch über Bienen gelesen oder einen Film über sie gesehen? Wenn eine Arbeitsbiene einen blumenbedeckten Hügel sieht, fliegt sie zurück zum Bau, um den anderen Bienen Bescheid zu geben, wo die Blumen stehen, und dies drückt sie in einem Tanz aus. Selbst weit entfernte Orte kann sie auf diese Weise übermitteln. K. von Frisch hat uns diese Entdeckung nahegebracht, nachdem er lange Zeit die Sprache der Bienen studiert hatte.[7]

Auch wir menschlichen Wesen verstehen zu tanzen. Manche von uns tanzen mit ihren Körpern, andere benutzen die Malerei oder die Musik. Auch unsere gesprochenen und geschriebenen Worte sind nichts anderes als Tanzschritte, die Töne eines Liedes, die Pinselstriche einer Malerei. Sie werden mehr oder weniger geschickt ausgeführt. Sie drücken unsere Vision unzureichend oder sehr gut aus.

Dabei liegt das Geschick nicht nur in den Händen der Künstlerin oder den Worten des Sprechers; auch der Mensch, der zuhört, muß entsprechend geschickt und empfänglich sein. Besonders schwierig ist es beim Umgang mit Worten, einer konzeptuellen Kategorisierung zu entgehen. Und selbst wenn eine geschickte Sprecherin sie vermeidet, kann der Zuhörer ihr noch immer in die Falle gehen. Erinnerst du dich an die leeren Flaschen? Sie haben ganz festgefügte Formen und Größen, bevor sie überhaupt gefüllt werden. Zen-Praktizierende geben oft den Rat, den Gebrauch von Worten zu meiden. Damit sollen Worte keineswegs schlechtgemacht werden, vielmehr soll der Gefahr vorgebeugt werden, sich durch Worte einzuengen. Das ist eine Anregung für uns, mit Worten so sorgfältig wie irgend möglich umzugehen aus Rücksicht auf diejenigen, die uns zuhören.

Im zweiten Jahrhundert schrieb Nagarjuna das *Madhyamaka Shastra*. Er benutzte darin Konzepte mit dem Ziel, Konzepte zu zerstören. Damit wollte er keine neue Doktrin schaffen, sondern *alle* Flaschen zerbrechen, alle flaschenförmigen Behältnisse, alle Vasen, alle Behälter, um nachzuweisen, daß Wasser keiner Form bedarf, um existent zu sein. Damit schuf er einen Tanz für uns, einen Tanz, der es uns ermöglicht, alle Kategorien aufzugeben und damit alle Grenzziehungen, so daß wir einen direkten Zugang zur Wirklichkeit finden und uns nicht mehr nur mit ihrer Spiegelung zufriedengeben müssen.

Wissen ist ein Hemmnis für das Verstehen

Die großen Entdeckungen in der Wissenschaft sind eher ein Ergebnis von Verstehen als von Gedanken. Das Werkzeug von Wissenschaftlerinnen und Wissenschaftlern besteht nicht nur aus ihrem Intellekt und ihren Labors, sondern aus ihrem gesamten Sein mit all seiner Tiefe, in dem sie intensiv mit ihrer Arbeit verbunden sind. Der Intellekt bereitet den Boden ihres Geistes vor und pflanzt dort den Samen ein. Bis der Same dann keimt, gibt es für den Intellekt nichts mehr zu tun. Der Versuch würde ins Leere führen. Dann passiert es ganz plötzlich, daß dieser Keim Sprößlinge in den Bereich der Intelligenz emporschießen läßt. Zu solchen Momenten kommt es, weil die Forscherin, der Forscher gewöhnlich auf dem »Ei brütet«. Die ganze Zeit saß sie oder er darauf, beim Wachen, beim Schlafen, wenn sie aß, wenn er spazierenging – und dann ist da *plötzlich die Lösung*! Die neue Entdeckung wirft das alte Wissen über den Haufen, und der Intellekt wird gezwungen, die Strukturen von heute zu zerbrechen, um die von morgen zu schaffen. Altes Wissen ist demnach ein Hindernis für neues Verstehen. Im Buddhismus spricht man vom »Hindernis, das das Wissen schafft«. Wie andere Erwachte sind auch manche Forscher durch tiefgreifende innere Wandlungen gegangen. Wenn sie dabei große Einsichten gewinnen, so liegt das daran, daß sie eine voll entwickelte Fähigkeit besitzen, zu beobachten, sich zu konzentrieren und voller Achtsamkeit zu sein.

Verstehen bedeutet nicht Anhäufung von Wissen. Im Gegenteil – es ist das Ergebnis eines Ringens um die Befreiung vom Wissen. Verstehen zerschmettert altes Wissen, um Raum zu schaffen für Neues, das der Wirklichkeit näherkommt. Als Kopernikus entdeckte, daß die Erde sich um die Sonne dreht, wurde damit das astronomische Wissen jener Zeit infrage gestellt, einschließlich der Vorstellungen von oben und unten. Heutzutage ist die Physik bemüht, sich von den Vorstellungen von Identität und Ursache/Wirkung zu befreien, die der klassischen Physik zugrundeliegen. Die Wissenschaft zwingt uns, genau wie das *tao* (der Weg), alle vorgefaßten Vorstellungen über Bord zu werfen.

Als der Buddha Shakyamuni die Vorstellung vom »Nicht-Selbst« entwickelte, stellte er damit viele der herrschenden Vorstellungen über das Leben und das Universum in Frage. Damit zerstörte er unsere hartnäckigste und weitverbreitete Überzeugung: die Vorstellung von einem bleibenden Selbst. Diejenigen, die »Nicht-Selbst« verstehen, wissen, daß es dazu dient, »Selbst« zu erschüttern, keineswegs, es durch ein neues Konzept der Wirklichkeit zu ersetzen. Die Vorstellung vom »Nicht-Selbst« ist eine Methode, kein Ziel. Wenn sie zum Konzept wird, muß sie genau wie alle anderen Vorstellungen wieder aufgegeben werden.

Unfähig, es zu beschreiben

Verstehen wird von den Menschen in Konzepte, Gedanken und Worte umgesetzt. Verstehen ist aber keine Ansammlung von Wissensbrocken. Es bedeutet direktes und geradliniges Durchdringen. Im Bereich der Empfindungen ist es ein Gefühl. Im Bereich des

Intellekts ist es eine Vorstellung. Dabei handelt es sich eher um Intuition als um das Endergebnis rationaler Ableitungen. Hin und wieder ist Verstehen vollkommen in uns vorhanden, und dann stellen wir fest, daß wir es nicht in Worten, Gedanken oder Konzepten ausdrücken können. »Unfähig, es zu beschreiben« – das ist der Zustand, in dem wir uns dann befinden. Über Einsichten und Erkenntnisse wie diese wird im Buddhismus gesagt, es sei »unmöglich, sie zu begründen, zu erörtern oder sie in Doktrinen und Gedankengebäude einzugliedern.«

Wer verfügt über Wissen?

Wir prahlen mit dem Wissen, das wir Menschen mittlerweile angesammelt haben. Dies sind die Schätze unserer Spezies, die überliefert wurden aus uralten Zeiten, seit wir aus dem Zustand des »Anorganischen« in das Stadium des »Organischen« mutierten. Wenn wir über »Wissen« sprechen, denken wir sofort an den Menschen mit seinem großen Gehirn, und darüber vergessen wir, daß Wissen *allen* Arten innewohnt, selbst denen, die wir für unbelebt halten. Ganz gewiß sind Bienen, Spinnen und Wespen mit großartigen Fähigkeiten ausgestattet – sie bauen kunstvolle Konstruktionen. Betrachten wir eine Bienenwabe, ein Wespennest oder ein Spinnennetz, so erkennen wir das Know-how der Tiere durchaus an, sagen aber: »Diese Arten sind nicht in der Lage zu denken. Sie haben keine mathematischen Fähigkeiten, noch können sie Pläne und Projekte entwerfen. Ihnen fehlt die Intelligenz. Sie haben nur ihren Instinkt.« Dennoch waren es nicht wir Menschen, die ihnen diese Nester und Netze gaben; vielmehr waren es diese kleinen »hirnlosen« Geschöpfe selbst, die solche Wunderwerke der Architektur hervorgebracht und dadurch unsere Bewunderung erregt haben. Wenn *sie* aber nicht *wissen*, wer dann? Sie *haben* das Wissen! Ihre Spezies hat es im Zuge der Evolution entwickelt.

Auch wenn wir uns Pflanzen anschauen, sehen wir Wunderwerke des Wissens. Der Apfelbaum weiß, wie man Wurzeln erzeugt, wie Äste, Blätter, Blüten und Früchte. Du sagst, der Apfelbaum, dem ja die Intelligenz fehlt, habe gar keine andere Möglichkeit. Aber was ist mit deinen Rippen, deinen Drüsen, deinem Rückgrat – hast du sie mit deiner Intelligenz geschaffen? Sie sind das Werk des »Wissens«, das alles umfaßt, das auch unsere Fähigkeit zu denken mit einschließt.

Wissen im blauen Himmel

Laß uns einmal den Versuch unternehmen, uns von unserer Vorstellung von einem Selbst zu lösen und eine Sprache zu benutzen, bei der das Subjekt fehlt. Zum Beispiel sagen wir ja: »Es regnet.« »Es« ist das Subjekt, aber das sagt uns überhaupt nichts. Wir können sagen: »Der Regen fällt.« »Regen« ist das Subjekt, »fällt« das Prädikat, ein Verb. Aber auch dieser Satz macht keinen Sinn, denn wenn es regnet, muß Wasser herunterfallen, sonst ist es kein Regen. Also können wir sagen: »Regnen in London« oder »Regnen in Chicago«, ohne ein Subjekt zu verwenden, und damit ist die Wirklichkeit ausreichend beschrieben.

Wir wollen nun das Wort »wissen« auf diese Weise benutzen. »Wissen in der Person.« »Wissen in der Biene.« »Wissen im Apfelbaum.« Komisch klingt das, denn wir sind ja so gewohnt, ein Subjekt beim Sprechen zu verwenden. Das Wort »Wissen«/«wissen« gibt es als Substantiv und als Verb. Es kann also als Subjekt benutzt werden oder als Prädikat, so wie in »Regen in Chicago« oder »Regnen in London«. Wenn »Regnen in London« bedeutet, daß es da Regen gibt in London, dann bedeutet »Wissen im Menschen«, daß es da Wissen gibt in dem Menschen, und nichts wird damit verschleiert, alles ist klar! Für meinen Geist ist Verstehen überall zugegen, überall und ständig entfaltet es sich. Wissen ist in Fred, ist in Rachel, Wissen ist in einer Biene, Wissen ist in einem Apfelbaum. Wissen ist im Nichts, Wissen ist in der Milchstraße. Wenn wir sagen können: »Regnen in Chicago«, dann gibt es keinen Grund, nicht auch zu sagen: »Wissen im blauen Himmel.«[8] So könnte beispielsweise ein Zenmeister in einem einwöchigen Kurs über die Praxis des Nicht-Selbst vorschlagen, daß alle Teilnehmenden nur diese Art der Sprachregelung verwenden, ohne Subjekte. Ich bin sicher, daß diese Übung hervorragende Ergebnisse zeitigen würde.

Es gibt Wissen im Wind

Vergnügen wir uns doch einmal für einen Augenblick mit einer Art Tanz, um »Wissen« besser zu verstehen. Angenommen, ich sage: »Ich weiß, es ist windig«, dann bezieht sich »ich« mehr auf meinen Geist als auf meinen Körper. In Wirklichkeit bedeutet der Satz also:

»Mein Geist weiß, es ist windig.« Der Geist ist der, der weiß, und so sagen wir eigentlich: »Der Wissende weiß, daß es windig ist.« »Der Wissende« ist das Subjekt, »weiß« ist das Prädikat, ein Verb. »... es ist windig« wäre hier das Objekt. Aber es wäre komisch zu sagen: »Der Wissende weiß«, nicht wahr? Wir stellen uns ja unter dem Wissenden ein Wesen vor, das unabhängig vom Objekt existiert, das in unserem Hirn wohnt und ab und zu einmal kurze Ausflüge in die »Außenwelt« unternimmt, um zu sehen, was da draußen los ist. So wie wir einen Zollstock nehmen, um etwas abzumessen, so passen wir unseren Geist einem vorgefertigten Modell an, und zwar einem Modell, das unser Geist bereits selbst geschaffen hat. So ist eben das, was wir »Geist« nennen, keineswegs der reine und wahre Geist. Er wurde bereits in Konzepte hineingepreßt. Wenn wir sagen: »Ich weiß, daß der Wind weht«, dann glauben wir ja nicht, daß da irgend etwas ist, das etwas *anderes* wehen läßt. »Wind« gehört zu »wehen«. Gibt es kein Wehen, gibt es auch keinen Wind. So ist es auch mit Wissen. Der Geist ist der Wissende; der, der weiß, ist der Geist. Wir sprechen jetzt über das Wissen in bezug auf den Wind. »Wissen« bedeutet *etwas* wissen. Wissen ist vom Wind nicht zu trennen. Wind und Wissen sind eins. Wir können also »Wind« sagen, und das reicht bereits. Die Gegenwart des Windes beinhaltet die Gegenwart von Wissen, und die Gegenwart der Handlung ist wehen. Wenn wir den Satz »Ich weiß, daß der Wind weht« nun einfach verkürzen auf »Wind«, so können wir grammatische Fehler vermeiden und kommen der Wirklichkeit näher. Im Alltag haben wir uns an eine Denk-

und Ausdrucksweise gewöhnt, die unterstellt, alles sei von allem unabhängig. Diese Art zu denken und zu sprechen macht es schwierig, die nicht dualistische, nicht unterscheidende Wirklichkeit zu durchdringen, eine Wirklichkeit, die nicht in Konzepte gefaßt werden kann.

Jede Handlung ist ihr eigenes Subjekt

Der Wind weht. Der Regen fällt. Der Fluß fließt. An diesen Sätzen können wir klar erkennen, daß das Subjekt und das Prädikat, ein Verb, zusammengehören, eins sind. Es gibt keinen Wind ohne »wehen«, keinen Regen ohne »fallen«, keinen Fluß ohne »fließen«. Schauen wir genau hin, erkennen wir, daß das Subjekt der Handlung in der Handlung selbst liegt, daß die Handlung selbst tatsächlich ihr eigenes Subjekt ist.

Das am meisten verbreitete Verb ist (das Hilfsverb) »sein«: Ich bin, du bist, der Berg ist, der Fluß ist. Das Hilfsverb »sein« drückt jedoch nicht den dynamischen, lebendigen Zutand des Universums aus. Um dem gerecht zu werden, müßten wir sagen »werden«. Diese beiden Verben können auch als Substantive (Hauptwörter) verwendet werden: »Sein« und »Werden«. Aber *was* sein/Sein? *Was* werden/Werden? »Werden« bedeutet, »sich ständig entwickeln«. Es ist genauso universell wie »sein«. Es ist unmöglich, das »Sein« einer Erscheinung und ihr »Werden« auszudrücken, als seien beide voneinander unabhängig. Im Falle des Windes ist »wehen« das Sein *und* das Werden. Für den Regen bedeutet Sein *und* Werden »fallen«, und für den Fluß ist »fließen« Sein *und* Werden.

Wir sagen, daß »Regen fällt«, aber »fällt« ist nicht die genaue Bezeichnung dafür. Schnee, Blätter, ja selbst Strahlung fällt ebenfalls. Sagen wir »regnen«, so würde das den Vorgang genauer beschreiben, die Handlung, die das Subjekt »Regen« ausführt. Wir könnten sie auch beschreiben mit »der Regen regnet«, damit wäre »Regen/regnen« beides, Subjekt und Prädikat, ausgedrückt durch das Verb. Oder wir sagen einfach: »Regnen« oder sogar »Regen.« Entsprechend können wir auch sagen: »Die Malerin malt«, »der Leser liest«, »der Meditierende meditiert.« Würden wir diesem Muster folgen, könnten wir sogar sagen: »Der König königt«, »der Berg bergt« und »die Wolke wolkt.« Der Existenzgrund für einen König ist, daß er König ist, als König handelt. Daseinsgrund für den Berg ist es, Berg zu sein, sich als Berg zu verhalten. »König sein« und »als König handeln« bedeutet zu tun, was ein König so tut – über Menschen regieren, königliche Audienzen gewähren und tausend andere Dinge. Also können wir wie bei »der Regen regnet« einfach sagen: »Der König königt.« Hier ist das erste Wort das Subjekt und das zweite, das Verb, ist das Prädikat, die Satzaussage. Dieses Verb ist nun kein universales Verb, sondern eins, das nur für Könige benutzt wird. So läßt sich jedes Subjekt (in Gestalt eines *Hauptworts* oder *Substantivs*, d. Übs.) mit einem *Verb* ausdrücken, (erhält also eine Handlungsaussage, d. Übs.). Das Verb beinhaltet das Sein des Subjekts. In unseren Ohren klingt »die Malerin malt« überzeugender als »der König königt«, aber tatsächlich gibt es keinen Unterschied zwischen beiden Formen. Vor langer, langer Zeit benutzte Konfuzius diese Art von Sprache, indem er sagte: »(Der) König königt«, »(das) Subjekt subjektet«, »Eltern eltern« und »Kinder kindern.« Das bedeutet also: »Der König ist/handelt als König«, »das Subjekt ist/handelt als Subjekt« und so fort. Wir können dem noch weitere Erläuterungen hinzufügen wie »der König muß seine Pflicht als König erfüllen« oder »ein König muß seine Aufgabe als König gewissenhaft erfüllen«, aber letzten Endes sind all diese Ergänzungen und Ausschmückungen ohne Bedeutung, sagen nichts aus. Wenn wir erkannt haben, daß jede Handlung ihr eigenes Subjekt ist, können wir allmählich die ungeheuren Anwendungsmöglichkeiten des Wortes »Wissen« erfassen.

Ihr unbelebten Objekte – habt ihr eine Seele?

Wir sind es gewohnt, den Begriff »Wissen« auf Gefühle und Vorstellungen zu beziehen und bezeichnen anorganische Objekte als »unbelebt, gefühllos und unintelligent«. Aber diese Dinge sind nur in unseren Augen leblos. Ein Stein besteht aus unzähligen Molekülen, die ihrerseits wiederum aus unzähligen atomaren und subatomaren Teilchen bestehen. Sie alle werden durch elektromagnetische und atomare Kräfte zusammengehalten. Atome sind keineswegs leblose Stücke einer festen, trägen Masse. Sie sind vielmehr weite Räume, in denen sich unzählige Kleinstteilchen wie Protonen, Elektronen, Neutronen und so weiter ständig mit einer enormen Geschwindigkeit bewegen. Warum verhalten sie sich so? Können wir noch immer behaupten, ein Stein sei »träge, leblos und gefühllos«? Der Dichter Lamartine fragte einst: »Ihr unbelebten Objekte – habt ihr eine Seele?«[9] Wenn wir nun »Seele« einzig unseren Vorstellungen und Glaubenssätzen gemäß definieren, dann besitzen diese Objekte zweifellos keine Seele, oder zumindest manifestiert sich in ihnen keine. Im Sinne einer dynamischen, lebendigen Realität jedoch besitzen sie allerdings eine!

Das Gewußte manifestiert sich auf unzählige Weisen

»Wissen« entfaltet sich auf sehr unterschiedliche Weise. »Wissen« kann aktiven Charakter haben, wenn es sich um hören, sehen, fühlen, vergleichen, erinnern, sich vorstellen, nachdenken, sich sorgen, hoffen und anderes handelt. In der buddhistischen Vijñanavada-Schule, die sich besonders mit dem Studium von »Bewußtseinsaspekten« beschäftigt, werden dem Wissen auf aktivem Gebiet noch sehr viel mehr Bereiche zugeordnet. So gibt es zum Beispiel im *alayavijñana*, unserem »Speicherbewußtsein«, als aktive Bereiche des »Wissens« »aufrechterhalten, bewahren und manifestieren«. Nach den Vertretern des Vijñanavada entsteht alles – Gefühle, Vorstellungen, Gedanken und Wissen – auf dieser Grundlage, dem Speicherbewußtsein. *Manyana* bezeichnet eine der Arten von Wissen, die aus diesem Bewußtsein entstehen, und seine Funktion ist es, nach dem Objekt zu greifen und es für ein »Selbst« zu halten. *Manovijñana* stellt sozusagen das Hauptquartier für alle Empfindungen, Vorstellungen und Gedanken dar; es ermöglicht das gedankliche Erschaffen, die Vorstellungskraft wie auch das Zersplittern, Zerstückeln der Realität. *Amala* ist das Bewußtsein, das wie reines weißes Licht auf das Speicherbewußtsein scheint.[10]

In jeglicher Erscheinung, sei sie psychisch, körperlich oder physikalisch, gibt es dynamische Bewegung, Leben. Wir können sagen, diese Bewegung, dieses Leben ist die universelle Manifestation, die allgemein anerkannte Aktion des Wissens. Wir dürfen »Wissen« nicht als etwas betrachten, das von außen kommt und dem Universum erst Leben einhaucht. Es *ist* das Leben des Universums selbst. Tanz und Tänzer sind eins.

Erfahre dich am Fuße eines Apfelbaums

Dies alles habe ich nicht ausgeführt, um dich zu amüsieren, um mit Worten zu spielen und für Unterhaltung zu sorgen, sondern um Werkzeuge zur Verfügung zu stellen. Mit ihnen können wir unsere gewohnte Denkweise, die uns immer wieder in Schwierigkeiten bringt, zerschlagen und uns so vertraute alte Gewohnheiten demontieren. Hier sind Meißel, Brecheisen und Axt, mit denen wir Möbel oder Bäume zu Feuerholz zerhacken können. Willst du Holz zu Scheiten hacken, mußt du erst einen Keil in einen Spalt treiben und so lange darauf schlagen, bis das Scheit in zwei Hälften zerfällt. Genauso ist es mit dem Lesen dieses Textes – damit könntest du einen Keil treiben in dich. Wenn dir das, was ich gesagt habe, noch nicht klar ist, so liegt es vielleicht daran, daß du noch nicht gewohnt bist, alles einmal aus einer umgekehrten Position zu betrachten. Zum ersten Mal vielleicht ermutigt dich jemand, die Dinge mit einem nicht unterscheidenden Geist zu betrachten. Oder aber mein Tanz ist einfach noch zu unbeholfen. Aber das ist nicht schlimm. Dann fin-

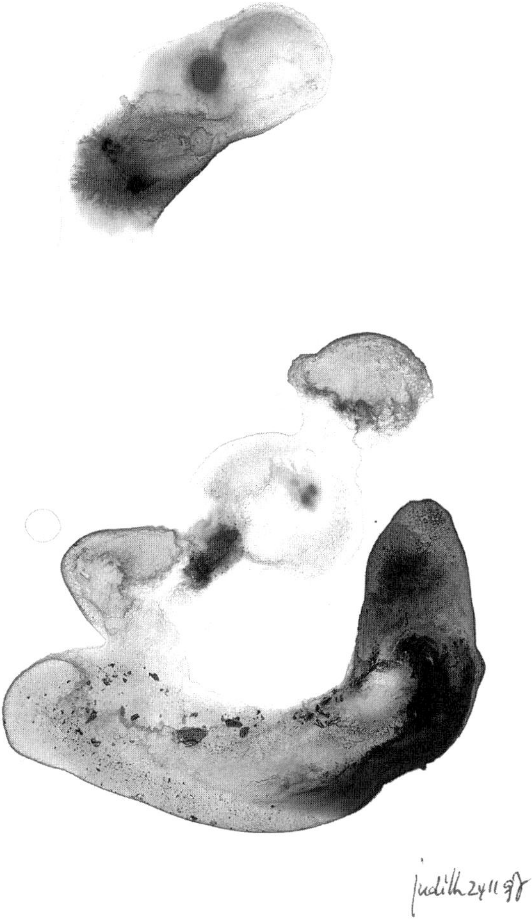
judith 24 11 97

den wir eben einen anderen Weg. Kommen wir nicht durch ein bestimmes Tor, so gibt es noch viele andere, durch die wir es versuchen können. Im Buddhismus spricht man von 84 000 Toren zum Dharma. Ich finde, wir sollten noch mehr erschaffen. Es geht schließlich darum, »in die Wirklichkeit hineinzuschauen«, nicht etwa, das von mir Gesagte nur intellektuell zu verstehen. Meine Worte können gar nichts anderes sein als ein herausfordernder Tanz, ein Fingerzeig. Du mußt mit deinen eigenen Augen, in vollkommener Achtsamkeit schauen.

Nun hoffe ich, daß du meine Worte nicht etwa in Konzepte verwandelst, die du dann wieder als etwas Neues in dir abspeicherst. Ich habe gar nichts anzubieten. Ich möchte nur für dich tanzen, so wie die Biene. Siehst oder erkennst du etwas, mach dir klar, daß *du* es bist, die oder der es erfaßt hat. In *dir* liegt es begründet, nicht in meinem Tanz. Setz dich neben ein schlafendes Kind. Oder geh in den Garten und setz dich unter einen Apfelbaum. In die Küche kannst du auch gehen und dir dort eine Tasse Tee zubereiten. Was du aber auch immer tust, tu es in voller Achtsamkeit. Verliere dich nicht in Unachtsamkeit. Und denke bitte nicht darüber nach, jetzt eins zu werden mit dem Kind, dem Apfelbaum oder dem Tee. Es gibt überhaupt keinen Grund zu denken. Erfühle, ertaste dich, erfahre dich mit dem Kind, mit dem Apfelbaum, mit dem Tee, während ein kleines Lächeln auf deinen Lippen spielt.

Das Universum in einem Staubkorn

Geist und Objekt sind eins

An jenem stürmischen Nachmittag neulich schloß ich, als ich nach Hause kam, alle Fenster und Türen. Heute morgen nun steht mein Fenster offen, und ich blicke auf den kühlen grünen Wald. Die Sonne scheint, und ein Vogel singt wunderschön. Die kleine Thuy hat sich schon auf den Weg zur Schule gemacht. Für einen Moment halte ich mit dem Schreiben inne und werfe einen Blick auf die Bäume, die sich entlang der Hügel erstrecken. Ich bin mir ihrer Gegenwart und auch meiner Gegenwart bewußt. Wir müssen gar nicht immer unsere Sinnestore schließen, um uns zu konzentrieren. Für angehende Meditierende mag es hilfreich sein, die Fenster des Sehens und Hörens zu schließen, um sich besser auf den Atem oder ein anderes Objekt zu konzentrieren. Es geht aber auch, wenn wir die Fenster offenstehen lassen. Sinnesobjekte befinden sich ja nicht nur außerhalb des Körpers. Selbst wenn wir im Moment weder sehen noch hören, gerade nichts riechen oder schmecken – die Körpergefühle können wir doch nicht ignorieren. Hast du Zahnschmerzen oder einen Krampf im Bein, so verspürst du die Schmerzen. Sind all deine Organe funktionsfähig, dann verspürst du ein Gefühl des Wohlbehagens. Im Buddhismus spricht man von drei Arten von Empfindungen: angenehmen, unangenehmen und neutralen. Aber selbst die sogenannten neutralen Gefühle können durchaus angenehm sein – wenn wir achtsam sind. Die Gefühle oder Empfindungen im Körper sind ein ununterbrochener Strom, ganz gleich, ob wir ihrer gewahr sind oder nicht. Deshalb ist es auch gar nicht möglich, wirklich »alle Sinnestore zu schließen«. Selbst wenn wir uns irgendwie von ihnen abschotten, so arbeiten doch der Geist und das Bewußtsein weiter; wir haben ständig Bilder, Konzepte und Gedanken, die aus unserem Gedächtnis entstehen.

Es gibt Menschen, die meinen, zu meditieren bedeute, sich von der Welt der Gedanken und Gefühle zu lösen und sich wieder in einen Zustand zu versetzen, in dem der Geist über sich selbst nachsinnt, sich selbst betrachtet und so zum »wahren Geist«[11] wird. Die Vorstellung ist hübsch, führt uns aber in die Irre. Denn der Geist ist keineswegs getrennt von der Welt der Gedanken und Empfindungen. Wie sollte er sich dann aber entfernen und in sich selbst zurückziehen? Wenn ich die Bäume vor mir betrachte, dann wandert mein Geist nicht aus mir hinaus in den Wald, und er öffnet auch keine Tür, um die Bäume hereinzulassen. Mein Geist bezieht sich auf die Bäume, aber es sind keineswegs gesonderte Objekte. Mein Geist und die Bäume sind eins. Die Bäume sind nur eine der wundersamen Manifestationen des Geistes.

Wald

Tausende von Baum-Körpern und der meine dazu.
Blätter winken,
Ohren hören den Ruf des Stromes,
Augen sehen in den Himmel des Geistes,
ein Halblächeln entfaltet sich auf jedem Blatt.
Hier ist ein Wald,
weil ich hier bin.
Aber der Geist ist dem Wald gefolgt
und hat in Grün sich gewandet.

Der weise Mensch tritt ein in Samadhi, und er weiß nicht, ob es da eine äußere Welt draußen zu lassen oder eine innere zu durchdringen gilt. Die Welt offenbart sich, auch wenn die Augen geschlossen sind. Die Welt ist weder drinnen noch draußen. Sie ist lebendig und vollständig in jedem Objekt, das wir betrachten, vorhanden – dem Atem, der Nasenspitze, dem Kung-an – in allem und jedem, sei es winzig wie ein Staubkorn oder riesig wie ein Berg. Was immer das Objekt sein mag, es ist nicht abgetrennt von der letztendlichen Wirklichkeit. Es *enthält* nämlich die grenzenlos weite Gesamtheit der Wirklichkeit.

Klein ist nicht innen, groß ist nicht außen

Ich lade dich ein, mit mir zu meditieren. Setz dich bitte in einer bequemen Haltung hin, damit du dich wohl fühlst, und richte deine Aufmerksamkeit auf den Atem, laß ihn ganz sanft und leicht werden.

Nach einigen Augenblicken richte nun deine Aufmerksamkeit auf die Empfindungen in deinem Körper. Verspürst du irgendwo Schmerz, Beeinträchtigung oder auch Angenehmes, so richte deine Aufmerksamkeit darauf und spüre dieses Gefühl mit deiner ganzen wachen Bewußtheit. Ein wenig später nimm nun die unterschiedlichen Tätigkeiten deiner Organe wahr – deines Herzens, deiner Lungen, der Leber, der Nieren, des Verdauungssystems und so weiter. Normalerweise arbeiten diese Organe problemlos und erheischen nicht unsere Aufmerksamkeit – erst dann, wenn sie schmerzen. Spüre, wie das Blut einem Fluß gleich durch eine Landschaft fließt, und wie es die Felder mit Frischwasser versorgt.

Du weißt, daß dieser Blutstrom alle Zellen in deinem Körper versorgt und daß deine Organe, die auch aus Zellen bestehen, das Blut anreichern (der Verdauungstrakt), es reinigen (Leber und Lunge) und es in Umlauf setzen (das Herz). Alle Körperorgane, einschließlich des Nervensystems und der Drüsen, können nur in Abhängigkeit voneinander existieren. Die Lungen sind notwendig für das Blut, also gehören die Lungen zum Blut. Das Blut ist wichtig für die Lungen, also gehört das Blut zu den Lungen. Entsprechend können wir auch sagen, daß die Lungen zum Herzen gehören, die Leber zu den Lungen usw., und wir erkennen, daß jedes Körperorgan die Existenz der anderen Organe mit beinhaltet. Das wird im *Avatamsaka Sutra* als »die wechselseitige Abhängigkeit aller Dinge« oder auch als »Intersein« bezeichnet. Ursache und Wirkung werden hier nicht mehr linear, sondern als ein Netz betrachtet, nicht als zweidimensional,

judith
24 11 97

sondern als ein Verbundsystem unzähliger Netze, die nach allen Richtungen des vieldimensionalen Raums miteinander verwoben sind. Nun beinhaltet nicht nur jedes Organ in sich die Existenz aller anderen Organe, sondern auch jede Zelle trägt in sich alle anderen Zellen. Eine ist in allen anderen vertreten, und alle sind in der einen vorhanden. Dies wird im *Avatamsaka Sutra* verdeutlicht durch die Worte: »Eins ist alles, und alles ist eins.«

Erfassen wir diese Aussage vollkommen, dann sind wir befreit von dem fatalen Denken in Kategorien wie eins und viele – eine Denkweise, die uns so lange in die Irre geführt hat. Wenn ich sage: »Eine Zelle trägt in sich alle anderen Zellen«, dann versteh mich bitte nicht falsch, indem du dir vorstellst, eine Zelle könne so erweitert werden, daß alle anderen Zellen hineinpassen. Ich will damit sagen, daß die Anwesenheit der einen Zelle die Anwesenheit aller anderen Zellen in sich trägt, da sie gar nicht unabhängig voneinander existieren können. Der vietnamesische Zenmeister Dao Hanh drückte dies einmal so aus: »Wenn dieses Staubkorn nicht existierte, dann könnte das gesamte Universum nicht existieren.« Eine erwachte Person sieht das ganze Universum, wenn sie ein Staubteilchen betrachtet. Aber auch Menschen, die gerade erst zu meditieren beginnen, können dies durch eigene Beobachtung und Überlegung verstehen, auch wenn sie das alles noch nicht so klar und deutlich sehen wie vielleicht den Apfel in ihrer Hand. Im *Avatamsaka Sutra* finden wir Sätze, die möglicherweise diejenigen Leserinnen und Leser irritieren und durcheinanderbringen können, die sich noch nicht mit dem Prinzip der gegenseitigen Abhängigkeit aller Dinge auseinandergesetzt haben. »In jedem Staubkorn sehe ich unzählige Buddhawelten, in jeder dieser Welten sehe ich zahllose Buddhas leuchten, sehe ihre kostbare Aura leuchten.« »Eine Welt (kann man) in alle Welten fügen, alle Welten in die eine.« »Unzählige Sumeru-Berge kann man an einer Haarspitze aufhängen.« In der Welt der Phänomene scheinen alle Dinge als getrennte Entitäten, Wesenheiten, zu existieren, die einen bestimmten Ort haben: »Dies« befindet sich außerhalb von »jenem«. Vertiefen wir uns aber in das Prinzip der gegenseitigen Abhängigkeit und durchdringen es, erkennen wir, daß diese Vorstellung von Getrenntheit falsch ist. Jedes Objekt besteht aus allen anderen und enthält alle anderen. Im Lichte der Meditation über die wechselseitige Abhängigkeit fallen nicht nur die Konzepte von eins und viele, von innen und außen in sich zusammen, sondern auch alle anderen. Als der Dichter Nguyen Cong Tru dies erkannte, rief er aus:

> In dieser Welt und allen anderen Welten
> ist Buddha ohne Vergleich!
> Klein ist nicht innen.
> Groß ist nicht außen.[12]

Die Sonne, mein Herz

Jetzt, da wir erkennen, daß in unserem Körper »eins alles ist und alles eins«, wollen wir noch einen Schritt weitergehen und über die Gegenwärtigkeit des gesamten Universums in uns meditieren. Wir wissen, wenn unser Herz aufhört zu schlagen, versiegt der Strom des Lebens in uns, und aus diesem Grund wertschätzen wir unser Herz sehr. Und trotzdem nehmen wir uns oft nicht die Zeit zu erkennen, daß es auch noch Dinge außerhalb unseres Körpers gibt, die für unser Überleben ganz wichtig sind. Schau dir einmal dieses ungeheure Licht an, das wir Sonne nennen. Hört sie auf zu scheinen, dann versiegt unser Lebensstrom ebenfalls, und deshalb ist die Sonne so etwas wie unser zweites Herz, unser Herz außerhalb des Körpers. Dieses ungeheuer große Herz versorgt alles Leben auf dieser Erde mit der Wärme, die unabdingbar ist dafür, daß alles existieren kann. Pflanzen leben dank der Sonne. Ihre Blätter absorbieren die Sonnenenergie, und zusammen mit dem Kohlendioxid aus der Luft wird daraus Nahrung für die Bäume, die Blumen, das Plankton. Und nur dank der Pflanzen können wir und andere Tiere überhaupt leben. Wir alle – Menschen, Tiere und Pflanzen – verwerten, »konsumieren« die Sonne, auf direkte und indirekte Weise. Wir wollen gar nicht erst damit anfangen, all die Wirkungen aufzuzählen, die die Sonne, dieses großartige Herz außerhalb unseres Körpers, hat. Aber unser Körper ist nicht nur begrenzt auf das, was sich innerhalb der Begrenzung unserer Haut befindet. Viel größer ist unser Körper, viel riesiger. Wenn die Lufthülle um unsere Erde auch nur für einen Augenblick verschwände, wäre »unser« Leben beendet. So gibt es keine Erscheinung im Universum, die uns nicht ganz dicht berührte, angefangen beim Kiesel am Grunde des Ozeans bis hin zur Bewegung einer Galaxie, Millionen von Lichtjahren von uns entfernt. Der Dichter

Walt Whitman sagte einst: »Ich glaube, ein Grashalm ist nicht geringer als das Tagwerk der Sterne auf ihren Bahnen.« Diese Worte sind nicht theoretisch gemeint, sie kommen vielmehr aus der Tiefe seiner Seele. Auch sagte er: »Ich bin weiträumig, ich enthalte Vielheit.«[13]

Intersein und wechselseitiges Durchdringen

Die Meditation, die ich hier vorgestellt habe, kann auch »Wechselseitiges Verbundensein in unendlichem Miteinander-Verwobensein« genannt werden. Das ist eine Meditation über die gegenseitige Abhängigkeit aller Erscheinungen. Sie kann uns von allen Konzepten über Einheit/Vielheit oder eins/alle befreien. Auch kann sie helfen, die Vorstellung von einem »Ich« aufzulösen, denn diese Vorstellung gründet sich auf der Unterscheidung von Einheit und Vielheit. Denken wir an ein Staubkorn, eine Blume oder einen Menschen, dann können wir unser Denken gar nicht lösen von der Vorstellung von Einheit, von eins, von einer Zahl. Wir sehen da eine Trennlinie zwischen eins und viele, zwischen eins und nicht eins. Im täglichen Leben ist diese Unterscheidung für uns auch notwendig, so wie Schienen es sind für einen Zug. Betrachten wir aber wirklich die wechselseitige Abhängigkeit bei dem Staubkorn, der Blume und dem Menschen, erkennen wir, daß die Einheit wiederum gar nicht existieren kann ohne die Vielheit. Einheit und Vielheit durchdringen einander ungehindert. Einheit ist Vielheit. Dies ist das Prinzip des Interseins und des Sich-wechselseitig-Durchdringens, von dem im *Avatamsaka Sutra* die Rede ist.

Intersein bedeutet, »dies ist jenes« und »jenes ist dies«. Wechselseitiges Durchdringen bedeutet, »dies ist in jenem« und »jenes ist in diesem«. Wenn wir uns diese Aspekte in der Meditation genau anschauen, erkennen wir, daß die Vorstellung von eins/viele lediglich ein geistiges Konstrukt ist, das wir benutzen, um damit die Wirklichkeit zu erfassen, so wie wir einen Eimer nehmen, um darin Wasser zu holen. Haben wir aber einmal die Grenzen dieses Konstruktes verlassen, so sind wir wie ein Schnellzug, der von seinen Schienen befreit in den Raum schießt. Wenn wir erkennen, daß wir auf einem Planeten leben, der sich um seine eigene Achse und um die Sonne dreht, müssen wir unsere Vorstellung von oben und unten aufgeben; so ergeht es uns auch, wenn wir die Natur der wechselseitigen Abhängigkeit aller Dinge erkennen – dann sind wir frei von allen Vorstellung über eins/viele.

Im *Avatamsaka Sutra* finden wir das Bild von Indras Juwelennetz. Damit soll die unendliche Vielfalt des Zusammenspiels und Verbundenseins aller Dinge verdeutlicht werden. Das Netz ist aus einer unendlichen Zahl strahlender Juwelen gewebt, die jeweils endlose Facetten aufweisen. Jedes Juwel reflektiert in sich jedes andere Juwel in diesem Netz, und sein eigenes Bild spiegelt sich auch in jedem anderen Juwel wider. In dieser Vorstellung enthält jedes Juwel alle anderen Juwelen.

Auch in der Geometrie finden wir ein Beispiel. Stell dir einen Kreis vor, in dessen Mitte wir den Punkt C sehen. Der Kreis besteht nun aus allen Punkten, die sich im gleichen Abstand von C befinden.

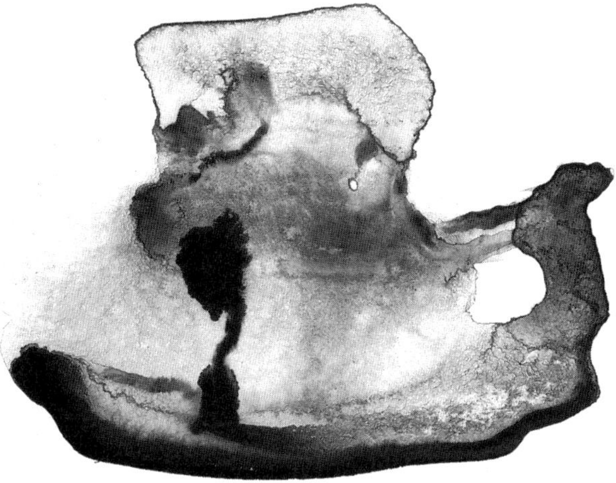

judith 241197

Der Kreis ist vorhanden, weil alle Punkte vorhanden sind. Fehlte auch nur ein einziger Punkt, so würde der Kreis augenblicklich verschwinden. Das ist wie bei einem Kartenhaus. Nimmst du eine Karte weg, fällt der Rest in sich zusammen. Jede Karte hängt von allen anderen ab, und ohne eine von ihnen gäbe es kein Kartenhaus. Das Vorhandensein eines Punktes im Kreis hängt vom Vorhandensein aller anderen Punkte ab. Auch hier erkennen wir wieder: »Eins ist alles, und alles ist eins.« Jeder Punkt im Kreis ist von gleicher Bedeutsamkeit. Jede Karte im Kartenhaus hat die gleiche Wichtigkeit. Jede ist unabdingbar für die Existenz des Ganzen und damit auch für die Existenz aller anderen Bestandteile. Dies ist wechselseitiges Voneinander-abhängig-Sein.

Um uns die wechselseitig verwobene Natur aller Beziehungen, in denen sich Intersein und Einander-Durchdringen zeigen, noch deutlicher vor Augen zu führen, können wir uns auch eine Kugel vorstellen, die sich zusammensetzt aus allen Punkten an ihrer Oberfläche und allen Punkten in ihrem Rauminhalt. Das ergibt eine ungeheure Anzahl von Punkten, und doch würde diese Kugel ohne einen einzigen von ihnen nicht existieren. Nun stellen wir uns vor, wir verbinden jeden dieser Punkte mit allen anderen Punkten. Wir beginnen mit Punkt A, den wir mit jedem der anderen Punkte verbinden. Dann verbinden wir Punkt B mit allen anderen, einschließlich mit A, und fahren damit fort, bis alle Punkte miteinander verbunden sind. Nun kannst du erkennen, daß wir ein ungeheurer dichtes Netz geschaffen haben, in dem alle Punkte miteinander verbunden sind.

»Der/die Bodhisattva erkennt die Natur der Abhängigkeit aller Dinge, sieht in einem Dharma alle Dharmas, sieht in allen Dharmas das eine Dharma, sieht die Vielzahl in dem Einen und das Eine in der Vielzahl, sieht das Eine im Unermeßlichen und das Unermeßliche in dem Einen. Entstehen und Existenz aller Dharmas ist von wechselhafter Natur und damit unwirklich und kann deshalb nicht die erleuchteten Wesen berühren.« Ich habe vorher schon einmal erwähnt, daß die Bootstrap-Theorie in der gegenwärtigen Physik dieser Vorstellung vom Intersein und dem gegenseitigen Durchdringen sehr nahekommt. Diese Theorie lehnt die Vorstellung ab, es gebe so etwas wie Grundelemente der Materie. Das Universum ist ihr zufolge ein Netzwerk voneinander abhängiger Erscheinungen, in dem jede Erscheinung durch das Zusammenspiel aller anderen Erscheinungen bedingt ist. Das Universum ist ein dynamisches Gewebe voneinander abhängiger Ereignisse, in dem keins die grundlegende Entität, Erscheinungsform, ist. Was wir Teilchen nennen, sind eher wechselseitige Beziehungen, Wirkungen zwischen den Teilchen selbst.[14]

Nun könnte jemand sagen: »Ich erkenne durchaus an, daß jede Erscheinung in ihrem Entstehen und ihrer Existenz von allen anderen Erscheinungen abhängig ist, aber woher kommt dann das *Ganze*, der vollständige Körper, der alle Erscheinungen enthält?« Würdest du bitte eine Antwort geben?

Meditation bedeutet nicht Nachahmung, sondern Neuschöpfung. Meditierende, die lediglich ihre Lehrerin, ihren Lehrer nachahmen, kommen damit nicht weit. Dasselbe gilt für das Kochen, es gilt für alles. Eine gute Köchin, ein guter Koch ist ein Mensch mit schöpferischem Geist. Die Meditation über die gegenseitige Abhängigkeit aller Erscheinungen kann man durch vielerlei verschiedene Tore beschreiten – indem man die eigenen Organe beobachtet, also Blutkreislauf, Herz, Verdauungstrakt, Lungen, Leber und Nieren; aber auch tausend andere Wege sind möglich, wie das Betrachten von Gedanken, Gefühlen, Bildern, Poesie und Träumen oder aber die Beschäftigung mit einem Fluß, einem Stern und so weiter.

Ein Mensch, der wirklich gut praktiziert, bleibt den ganzen Tag lang im Zustand der Meditation, versäumt dabei keine Gelegenheit, kein Ereignis, um eingehend die Natur des abhängigen Entstehens zu betrachten. Diese den ganzen Tag währende Praxis findet in vollkommener Sammlung statt. Gleich, ob die Augen offen oder geschlossen sind, das Wesen dieser Meditation ist nichts anderes als Samadhi. Du kannst dich gern von der Vorstellung lösen, daß du deine Augen schließen mußt, um nach innen schauen zu können, und sie öffnen mußt für den Blick nach draußen. Ein Gedanke ist kein inneres Objekt mehr, ein Berg kein äußeres. Beide sind Objekte des Wissens. Es gibt weder innen noch außen. Man erreicht eine gute Konzentration, wenn man wirklich vollkommen anwesend ist, in tiefer Verbindung mit der lebendigen Wirklichkeit. Gelingt dies, so löst

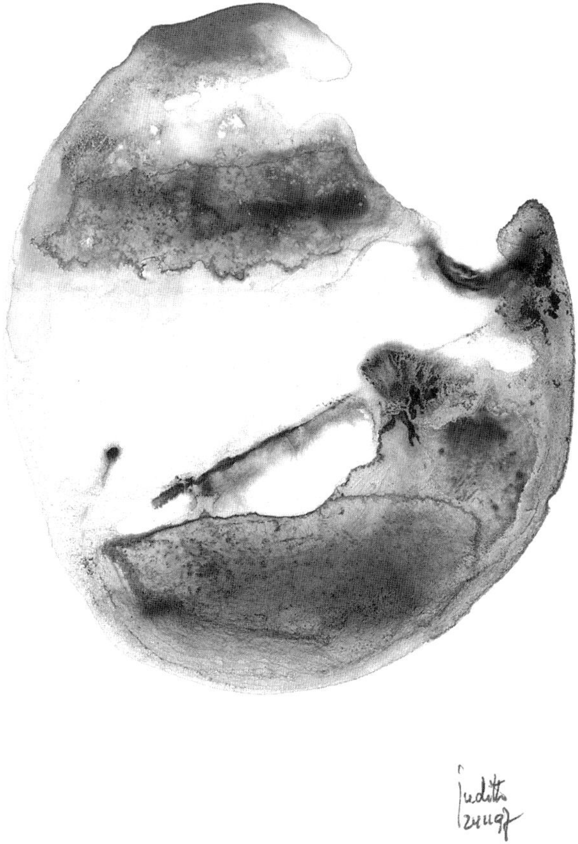
judith
241197

sich die Unterscheidung zwischen Subjekt und Objekt auf, und man durchdringt die lebendige Wirklichkeit ganz mühelos, ist eins mit ihr. Denn nun hat man alle Werkzeuge unterscheidenden Wissens aus der Hand gelegt, der Art von Wissen, die im Buddhismus als »falsches Wissen« (*vikalpa*, irrige Ansicht) bezeichnet wird.

Erkennen und Lieben gehen stets Hand in Hand

Manchmal beobachten wir unsere Kinder beim Spielen und denken dabei über die Zukunft nach. Wir wissen, daß das Leben voller Kummer, Ängste, Hoffnung und Enttäuschung ist, und so sorgen wir uns und denken voller Angst an die Kämpfe, die unsere Kinder noch vor sich haben. In solch einem Moment werden wir ein Teil von unseren Kindern, begeben wir uns in sie hinein. Das fällt uns nicht schwer, da sie doch von unserem Fleisch und Blut sind.

So ist es auch bei der Meditation. Wenn wir über die Natur der wechselseitigen Abhängigkeit aller Dinge meditieren, finden wir leicht Zugang zur Wirklichkeit, und wir erkennen die Ängste, die Qual, die Hoffnungen und die Verzweiflung aller Wesen. Wenn wir eine grüne Raupe auf einem Blatt betrachten, begreifen wir die Bedeutung dieser Raupe, und das nicht nur von unserem selbstbezogenen menschlichen Standpunkt aus, sondern im Wissen um das wechselseitige Abhängigsein aller Dinge. Wir erkennen, wie kostbar das Leben eines jeden Wesens ist, und so wagen wir es auch nicht, die Raupe dieses Lebens zu berauben. Müßten wir eines Tages einmal eine Raupe töten, so wäre das, als müßten wir uns selbst töten, als stürbe mit der Raupe auch ein Teil von uns selbst. In Urzeiten jagten die Menschen, um sich und ihre Familien zu ernähren. Sie taten es, um zu überleben. Sie töteten nicht zum Vergnügen. Heutzutage gibt es Menschen, die aus Spaß zur Jagd gehen. Die wechselseitige Abhängigkeit aller Wesen ist nun keineswegs ein philosophisches Gedankenspiel, das vom spirituellen als auch vom praktischen Leben weit entfernt wäre. Betrachtet man die wechselseitige Abhängigkeit aller Erscheinungen im hellen Licht der Bewußtheit, so gelangt man als meditierender Mensch zur Erkenntnis, daß das Leben aller Wesen eins ist, und man empfindet Mitgefühl für alle Wesen. Verspürst du diese Liebe, so weißt du, daß deine Meditation bereits Früchte trägt. Erkennen und Lieben gehen stets Hand in Hand. Erkennen und Lieben sind eins. Ein vages, halbherziges Verstehen geht einher mit vagem, halbherzigem Mitgefühl. Umfassendes Verstehen geht einher mit umfassendem Mitgefühl.

Manche Dinge zerreißen uns das Herz

Hast du schon einmal eine Fernsehdokumentation gesehen, in der gezeigt wurde, wie Raubtiere andere Tiere jagen, um sie zu fressen? Der Tiger jagt eine Antilope, oder eine Schlange verschlingt einen Frosch. Solche Filme sind sehr spannend. So hoffen wir, daß es der Antilope gelingt, den Klauen des Tigers zu entkommen, und daß der Frosch sich aus dem tödlichen Zugriff der Schlange befreit. Es ist furchtbar mitanzusehen, wie der Tiger die Antilope in Stücke reißt und wie der Frosch im Schlangenmaul verschwindet. Diese Sendungen entspringen nicht der Phantasie – sie zeigen das wirkliche Leben. Wir wünschen so sehr, daß es dem Frosch und der Antilope gut geht, und darüber vergessen wir zumeist, daß auch der Tiger und die Schlange fressen müssen, um leben zu können. Wir Menschen essen Hühner, Schweine, Schrimps, Fisch und Rind und manchmal sogar Antilopen und Frösche – genau wie der Tiger und die Schlange. Weil es aber so schmerzlich ist, das mitanzusehen, schlagen wir uns auf die Seite der Opfer, der Beutetiere, und hoffen, sie können entfliehen.

In solchen Situation müssen wir als Meditierende sehr klar bleiben. Wir können uns nicht nur auf die eine Seite stellen, weil wir selbst auf beiden Seiten stehen. Manche Menschen rührt es kaum, wenn sie sehen, wie ein Tiger seine Beute zerreißt, haben sogar Spaß daran, aber die meisten von uns verspüren doch die Qual und verbünden sich innerlich mit dem Opfer. Würde sich solch eine Szene direkt vor unseren Augen abspielen, würden wir sogar versuchen, der Antilope und dem Frosch zu helfen. Aber dabei müssen wir aufpassen, ob wir damit nicht nur unsere eigene Qual vermeiden wollen. Wir müssen auch die Pein des Tigers oder der Schlange spüren, die jetzt ohne Fressen sind. Auch sie verdienen unser Mitgefühl.

Alle Lebewesen führen einen Kampf ums Überleben. Je tiefer wir ins Leben eindringen, desto mehr erkennen wir seine Wunder und desto deutlicher sehen wir seine herzzerreißenden und erschreckenden Anteile. Hast du einmal das Leben einer Spinne betrachtet? Einen Krieg miterlebt? Folter, Gefängnis und Mord erlebt? Gesehen, wie ein Pirat ein junges Mädchen auf hoher See vergewaltigt?

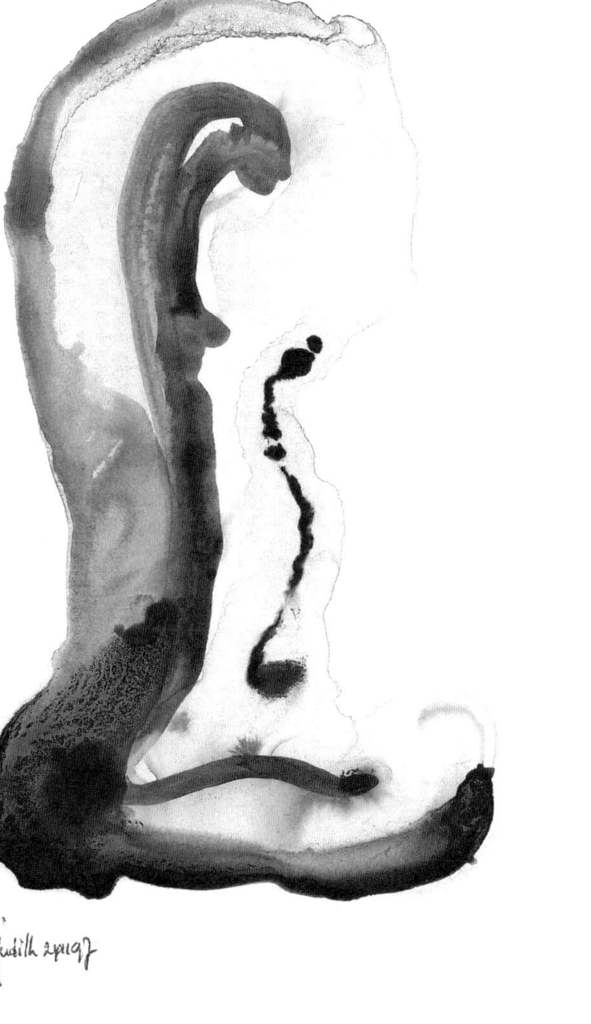
judith 2XI97

Millionen Menschen betätigen sich im Sport. Wenn du gern Fußball siehst, dann feuerst du sicher eine Mannschaft an und identifizierst dich mit ihr. Das ganze Spiel über schaust du voller Verzweiflung oder voller Begeisterung zu. Du trittst sogar im Geiste den Ball, um ihn ins Tor zu kicken. Wenn du nicht Partei ergreifst, macht es keinen Spaß. Auch im Krieg ergreifen wir Partei, zumeist für die bedrohte Seite. Friedensbewegungen erwachsen aus solch einer Haltung. Wir erbosen uns, wir ereifern uns, aber ganz selten betrachten wir den Konflikt aus einer Perspektive, die eine Mutter einnimmt, wenn sie beobachtet, wie ihre beiden Kinder miteinander streiten. Sie möchte nur, daß sie sich wieder vertragen. Wirkliche Bemühungen um Aussöhnung erwachsen nur aus einem Herzen voller Mitgefühl, und dieses wiederum entsteht aus der Meditation über die Natur der wechselseitigen Verbundenheit und Abhängigkeit aller Wesen.

Wenn wir Glück haben, begegnen wir im Leben einem Menschen, dessen Liebe auch Tiere und Pflanzen mit einschließt. Vielleicht begegnen wir auch Menschen, denen es gut geht, die dennoch wissen, daß Hungersnot, Krankheit und Unterdrückung Millionen von Menschenleben auf der Erde zerstören, und die denen helfen, die leiden müssen. Sie können sie nicht vergessen, selbst wenn dadurch ihr eigenes Leben in Bedrängnis gerät. Zu einem gewissen Grad haben diese Menschen bereits die Natur der wechselseitigen Abhängigkeit aller Wesen erkannt. Sie wissen, daß das Überleben der unterentwickelten Länder nicht losgelöst gesehen werden kann von dem der Länder, die materiell wohlhabend und technisch fortgeschritten sind. Armut und Unterdrückung führen zu Krieg. Heutzutage betrifft jeder Krieg *alle* Länder. Das Schicksal eines jeden Landes ist eng verknüpft mit dem aller anderen Länder.

Wenig Raum für Mitgefühl

In einer Zivilisation, in der die Technologie den Erfolg bestimmt, gibt es wenig Raum für Mitgefühl. Meditieren wir aber tief über das Leben, dann identifizieren wir uns schließlich sogar mit Ameisen und Raupen. Als Landwirte müßten wir wohl scheitern, denn wir würden uns vermutlich weigern, Pestizide zu benutzen. Und bringen wir es schon nicht übers Herz, Tiere zu töten, wie könnten wir dann ein Gewehr auf andere Menschen richten? Als Beamte im Verteidigungsministerium würden wir die Leute wahrscheinlich zur Kriegsdienstverweigerung ermutigen. Als Minister würden wir uns gegen den Bau von Atomkraftwerken in unserem Bundesstaat wenden, und man würde uns schließlich aus dem Amt werfen. Viele von uns teilen diese Haltung. Wir kranken an unserer Gesellschaft, und deshalb finden wir die verschiedensten Möglichkeiten, unseren Widerstand auszudrücken.

David Bohm, Physikprofessor an der Universität London, stellte fest: »Wenn wir unsere Gesellschaft ändern wollen, dann reichen ein paar einzelne oberflächliche Veränderungen oder auch ein Wandel im Wirtschaftssystem bei weitem nicht aus. Vielmehr brauchen wir einen vollständigen Bewußtseinswandel. Wie dieser bewerkstelligt werden soll, wissen wir noch nicht, aber ich halte ihn für unabdingbar.«[15] Solch ein geistiger Wandel kann, wie wir gesehen haben, dadurch erreicht werden, daß wir uns mit der Natur der wechselseitigen Abhängigkeit der Wirklichkeit vertraut machen – eine Erkenntnis, die jede und jeder von uns auf ganz persönliche Weise erlangen kann. Bei dieser Erkenntnis handelt es sich nicht um irgendeine Ideologie oder ein Gedankensystem, sondern um die Frucht einer direkten Erfahrung der Wirklichkeit in der Vielfalt ihrer Beziehungen. Das erfordert ein Aufgeben unserer Denkgewohnheiten, mit denen wir die Wirklichkeit zerteilen, parzellieren – eine Wirklichkeit, die untrennbar ist.

Furchtlos im Leben und im Tod

Wenn du eine Zeitlang damit fortfährst, über die wechselseitige Abhängigkeit zu meditieren, wirst du schließlich eine Veränderung wahrnehmen. Dein Blickwinkel weitet sich, und du stellst fest, daß du alle Wesen mit Mitgefühl betrachtest. Groll und Haß – vorher für unüberwindbar gehalten – lösen sich auf, und du bemerkst, wie du dich auf einmal um jegliches Lebewesen sorgst. Wichtiger noch, du fürchtest dich nicht mehr vor dem Leben, vor dem Tod.

Vielleicht hast du von Erwin Schrödinger gehört, dem Entdecker der Wellenmechanik. Nachdem er über das Ich, über Leben, Tod und das Universum, über Eins und Vielheit nachgedacht hatte, schrieb er: »So kannst du dich also auf die Erde werfen, dich auf Mutter Erde ausstrecken, mit der Gewißheit, eins zu sein mit ihr, und daß sie eins ist mit dir. Du bist ebenso fest wie sie, unverwundbar wie sie, tatsächlich sogar tausendmal fester und unverwundbarer als sie. So sicher wie sie dich morgen verschlingt, so sicher wird sie dich auch wieder hervorbringen zu neuem Streben, neuem Leiden. Und das nicht etwa ›eines Tages‹ – nein, jetzt, heute, jeden Tag erzeugt sie dich neu, nicht nur *einmal*, sondern abertausendmal, so wie sie dich auch jeden Tag tausendmal verschluckt. Für immer und ewig gibt es nur jetzt, ein und dasselbe Jetzt; die Gegenwart ist das einzige, das ohne Ende ist.«[16]

Wäre eine Erkenntnis wie die von Schrödinger in unserem Alltagsleben fest verankert, könnten Leben und Tod uns nicht mehr erschüttern.

Vergangenheit, Gegenwart und Zukunft auf einer Haarspitze

Schrödingers Beobachtung über die Zeit ermutigt uns, in unserer Meditation über die wechselseitige Abhängigkeit noch einen Schritt weiterzugehen. Unsere Vorstellungen von innen und außen oder eins und viele beginnen zu schwinden, wenn wir die Natur des Interseins und der wechselseitigen Abhängigkeit aller Dinge betrachten. Jedoch verschwinden diese Vorstellungen nicht vollständig, solange wir noch daran glauben, daß absoluter Raum und absolute Zeit für das Vorhandensein aller Erscheinungen notwendig seien. In den Anfangsstadien der buddhistischen *Dharmalakshana*-Schule (»Meditation über die Erscheinungen«) wurde der Raum als eine absolute

Wirklichkeit betrachtet, außerhalb des Bereichs von Geburt und Tod.

Als sich dann die *Madhyamaka*-Schule (»Meditation über die essentielle Natur der Dinge«) zu entwickeln begann, wurden Zeit und Raum als falsche Vorstellungen über die Wirklichkeit erkannt, da Raum und Zeit, um überhaupt existieren zu können, voneinander abhängig sind. Im *Avatamsaka Sutra*, in dem die Prinzipien des Interseins und der wechselseitigen Abhängigkeit formuliert sind, werden die Konzepte von innen/außen, klein/groß und eins/viele als nicht wirklich verworfen und so auch das Konzept vom Raum als einer absoluten Wirklichkeit. Auf die Zeit bezogen, wird auch die übliche Unterscheidung von Vergangenheit, Gegenwart und Zukunft zerstört. Im *Avatamsaka Sutra* wird gesagt, daß Vergangenheit und Zukunft zur Gegenwart gehören, desgleichen Gegenwart und Vergangenheit zur Zukunft und auch Gegenwart und Zukunft zur Vergangenheit; schließlich paßt alle Ewigkeit hinein in einen einzigen *kshana*, den kürzesten vorstellbaren Augenblick. So trägt, kurz gesagt, auch Zeit, genau wie Raum, die Prägung der wechselseitigen Abhängigkeit, und ein einziger Augenblick enthält alle drei Zeiten: Vergangenheit, Gegenwart und Zukunft.

Die Vergangenheit in der Gegenwart und der Zukunft,
die Zukunft in der Gegenwart und der Vergangenheit –
drei Zeiten und viele Äonen in einem Augenblick,
nicht lang, nicht kurz – das ist Befreiung.

Ich kann die Zukunft durchdringen,
indem ich die gesamte Ewigkeit
in einen Augenblick lege.

Im *Avatamsaka Sutra* heißt es weiter: »Ein einziges Staubkörnchen enthält nicht nur ›unendlichen‹ Raum, sondern es enthält auch ›endlose‹ Zeit; in einem *kshana* finden wir beides – ›unendliche‹ Zeit und ›endlosen‹ Raum.«

Vergangenheit, Gegenwart und Zukunft
auf einer Haarspitze
und dort auch unzählige Buddhawelten.

Die Relativitätstheorie eröffnet uns die Welt der wechselseitigen Abhängigkeit

Im *Avatamsaka Sutra* wird beschrieben, daß Zeit und Raum einander enthalten, voneinander abhängig sind, um existieren zu können, und daß man sie nicht durch »Wissen« voneinander trennen kann. Diese Ansicht wird 2000 Jahre später durch die Relativitätstheorie Albert Einsteins bestätigt. Zeit wird als vierte Dimension im vierdimensionalen Raum-Zeit-Kontinuum betrachtet.[17] Diese Theorie widerspricht der Hypothese, daß der Raum einen absoluten und unveränderlichen Rahmen darstelle, in dem sich das Universum entfalte. Gleichzeitig wird damit die Vorstellung von der absoluten und universellen Zeit beseitigt. Einstein erklärt, daß Raum lediglich einen

Ordnungsfaktor für die Stellung der Dinge in ihrem Bezugssystem zueinander darstellt, einen Bezugsrahmen also, und daß Zeit nichts anderes ist als die zeitliche Ordnung der Ereignisse in einem bestimmen Bezugsrahmen. Zeit kann dieser Theorie gemäß nur ortsbezogen, niemals universell sein. Deshalb kann man die Vorstellung von »jetzt« nur auf »hier« beziehen, jedoch auf keinen anderen Ort im Universum. Entsprechend kann sich »hier« auch nur auf »jetzt«, diesen gegenwärtigen Moment, beziehen, und nicht auf einen vergangenen oder zukünftigen. Denn Zeit und Raum können nur gemeinsam existieren, nicht unabhängig voneinander. Diese Theorie ermöglicht es uns, wissenschaftliche Erkenntnisse über das relative Wesen von Raum und Zeit zu benutzen, um unsere Konzepte über Bord zu werfen, die immer noch auf der Vorstellung aufbauen, es gebe »unendlichen« Raum und »endlose« Zeit, es gebe endlich und unendlich, innen und außen, vorher und nachher. Wenn wir zum Himmel emporschauen und uns fragen, was sich wohl am allerletzten Ende des Universums befinden mag, dann haben wir die Relativität noch immer nicht begriffen und hängen noch an der Vorstellung von einem absoluten Raum, der unabhängig von anderen Dingen existiere. Und fragen wir uns, wo das Universum hin will, dann deshalb, weil wir noch immer an ewige, universelle Zeit glauben. Die Relativitätstheorie trägt gleichermaßen zum Fortschritt der Wissenschaft wie auch der Philosophie bei. Schade nur, daß Einstein dieses fantastische Raumschiff nicht noch weitergesteuert hat auf der Reise in die Welt der Wirklichkeit!

Mit all diesen neuen wissenschaftlichen Entdeckungen geht eine Zerstörung alter Vorstellungen über die Wirklichkeit einher. Ein großes Verdienst der Relativitätstheorie ist, daß sie klassische Vorstellungen von Zeit und Raum durch die Entwicklung des Begriffs vom Raum-Zeit-Kontinuum ins Wanken gebracht hat. Gemäß dieser Theorie hat alles eine vierdimensionale Struktur und befindet sich in einem gekrümmten vierdimensionalen Zeit-Raum. Indem Einstein sich von Euklids Modell eines geradlinigen dreidimensionalen Universums löste, entwickelte er die Vorstellung von einem Universum, bestehend aus gekrümmten Linien in einem vierdimensionalen Raum-Zeit-Kontinuum. 1917 stellte er dieses Modell vor; in diesem wird der Raum gesehen als dreidimensionale Facette auf einem vierdimensionalen Überraum (hyperspace) mit der Zeit als Achse. Wenn wir uns das als Kugel vorstellen, dann sehen wir gar keine Kugel mehr. Statt dessen sehen wir einen Überzylinder (hypercylinder), in dem jede Minute eine Kugel für sich darstellt, etwa wie die Abfolge einzelner Bilder bei einem Film. Einsteins Universum ist demnach endlich und unendlich zugleich, weil es sich aus gekrümmten Raum-Zeit-Linien zusammensetzt und nicht aus getrennten geraden Linien, die entweder der Zeit oder dem Raum zugeordnet werden. Läuft eine Ameise auf einer Apfelsine, so kann sie stets geradeaus weiterlaufen, ohne je an ein Ende zu gelangen, weil sie sich auf einem gekrümmten Weg befindet. Aber die Ameise bleibt auf der Orange; das ist gleichzeitig ihre Begrenzung. Einstein hat in seinem

Modell gerade Linien relativiert und zugleich verallgemeinert sowie endlich und unendlich miteinander vereint, ausgesöhnt.

Endlose Zeit und unendlicher Raum sind, wie wir sehen, nur Formen der Wahrnehmung, sind Vorstellungen. Das gilt natürlich auch für das gekrümmte vierdimensionale Raum-Zeit-Kontinuum. Auch wenn es der Wirklichkeit näher kommt, ist es dennoch eine Vorstellung. Wenn man sich Raum nicht vorstellen kann ohne die Anwesenheit von »Dingen«, dann sind die vier Dimensionen des Zeit-Raums nichts anderes als geistige Konstrukte in bezug auf die Vorstellungen von »Ding« und »Bewegung«. So muß uns bewußt sein, daß auch gekrümmte Raum-Zeit bzw. gekrümmter Zeit-Raum ebenfalls nur Vorstellungen sind, die eben diejenigen von dem dreidimensionalen Raum, der endlosen Zeit und den geraden Linien ersetzen. Auch sie müssen wir wieder aufgeben, so wie wir das Floß nach Überqueren des Flusses hinter uns lassen.

Das Aufgeben von Konzepten und das Entdeckungsvermögen

Die Wirklichkeit wird bereits durch den Blick, den wir auf sie werfen, verändert, denn wir nähern uns ihr mit all unseren Konzepten im Gepäck. Moderne Physikerinnen und Physiker wissen das. Einige von ihnen haben sich deshalb der Konzepte entledigt, die so lange die wissenschaftliche Grundlage bildeten; und das sind z. B. die Vorstellungen von Ursache und Wirkung und die von Vergangenheit, Gegenwart und Zukunft. So etwas fällt uns nicht leicht, denn wir verbinden damit das Gefühl, ohne unsere Konzepte gleichsam unbewaffnet

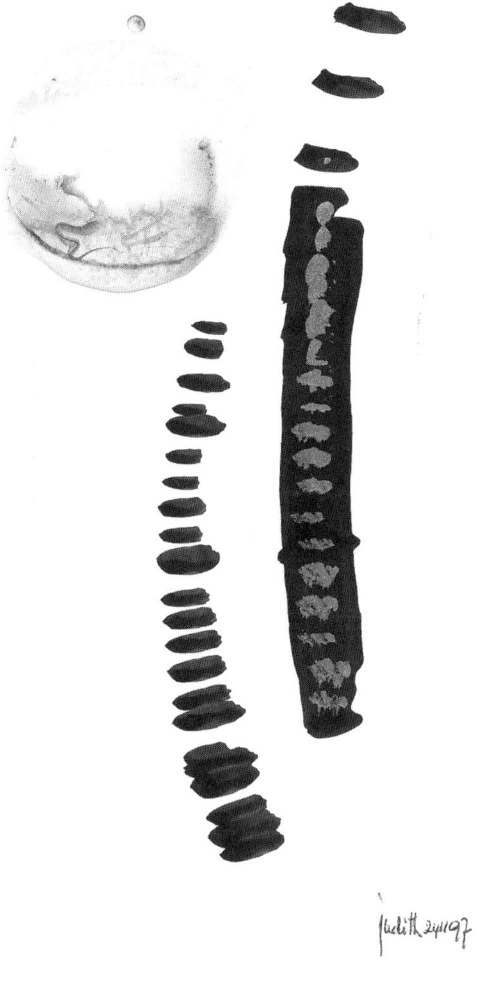
judith 24.1.97

in eine Schlacht zu ziehen. Das Rüstzeug von Wissenschaftlern ist ihr erlangtes Wissen, ein Gedankensystem, und es fällt ihnen sehr schwer, dies aufzugeben. Ich denke, diejenigen Wissenschaftler mit der größten Fähigkeit, ihre »Rüstung« aufzugeben, sind auch diejenigen mit dem größten Vermögen, neue Entdeckungen zu machen.

Menschen auf der religiösen Suche müssen sich immer wieder klarmachen, daß sie zunächst all ihre Konzepte fallenlassen müssen, um die Wirklichkeit direkt zu erfahren, also die Konzepte von ›ich und die anderen‹, von Geburt und Tod, Beständigkeit und Vergänglichkeit, Existenz und Nichtexistenz. Wenn es heißt, daß man die Wirklichkeit nicht durch das Denken erfassen kann, dann ist unser Werkzeug für eine direkte Wirklichkeitserfahrung ein klarer Geist, frei von allen Konzepten.

Das Netz von Geburt und Tod durchtrennen

Der Geist erschafft die Gestalt der Realität

Gestern nachmittag überraschte die kleine Thuy ihre Lehrerin damit, daß sie nach dem Mittagessen zum Besen griff und den Boden des Klassenraums fegte, ohne daß jemand sie dazu aufgefordert hätte. Das hatte zuvor noch kein Kind aus dem Dorf getan. Als der Nachmittagsunterricht beendet war, folgte ihr die Lehrerin hinauf zu unserem Häuschen, um es mir zu erzählen. Ich sagte ihr, daß alle armen Kinder in meinem Dorf dasselbe getan hätten. Sie nehmen sich von allein der Hausarbeit an, ohne daß die Erwachsenen sie darum bitten müßten.

Heute ist ein Feiertag, und Thuy hat schulfrei. Wir machten einen Spaziergang und sammelten dabei Kienäpfel. Sie erklärte mir, daß die Erde diese Kienäpfel hervorbringe, damit wir sie für ein schönes Feuer im Winter verwenden könnten. Ich erklärte ihr, die Kienäpfel seien eigentlich dazu da, daß aus ihnen neue Kiefern wachsen, nicht, daß man sie als Brennstoff verwendet. Meine Erklärung machte sie keineswegs traurig – im Gegenteil, ihre Augen strahlten noch heller.

Erinnerst du dich noch an unsere Unterhaltung über die Vorstellungen von Raum und Zeit im *Avatamsaka Sutra* und in der Relativitätstheorie? Haben wir erst einmal das Konzept vom absoluten Raum und der absoluten Zeit aufgegeben, dann fallen auch viele der damit verbundenen Konzepte in sich zusammen, die lange unser Denken bestimmt haben. Vertreter der Bootstrap-Theorie haben erkannt, daß sämtliche atomaren Teilchen, wie zum Beispiel Elektronen, nicht unabhängig voneinander existieren können. Sie sind statt dessen Verbindungen zwischen den Teilchen, und diese Teilchen wiederum sind Verbindungen zwischen anderen Teilchen. Kein Teilchen ist von eigenständiger, unabhängiger Beschaffenheit. Das kommt den Begriffen von gegenseitiger Abhängigkeit, Intersein und wechselseitigem Durchdringen sehr nahe.

Die Relativitätstheorie hat einen bedeutenden Einfluß auf unser Verständnis der atomaren Teilchen genommen. Im Bereich der Relativität sind Masse und Energie dasselbe, genau wie wir entdeckt haben, daß die Wörter »Regen/regnen« in einem Satz gleichzeitig Subjekt (als Hauptwort) wie auch Prädikat, Satzaussage (als Verb, Tätigkeitswort) sein können. Wenn uns klar ist, daß Masse nur eine Form von Energie ist, dann erkennen wir auch, daß Verbindungen zwischen den Teilchen ihrerseits wieder dynamische Wirklichkeit in der vierdimensionalen Raum-Zeit/dem vierdimensionalen Zeit-Raum sind. Aus heutiger wissenschaftlicher Sicht vereinigt ein Atomteilchen, genau wie »ein Staubkörnchen« oder die »Haarspitze« im *Avatamsaka Sutra*, Raum und Zeit. Diese Teilchen kann man sich als

»Staubkörnchen« der Zeit vorstellen, so wie es vom denkbar kürzesten Augenblick (*kshana*) im *Avatamsaka Sutra* heißt, er enthalte nicht nur Vergangenheit, Gegenwart und Zukunft, sondern auch Materie und Raum. Wir können uns heute ein Atomteilchen nicht mehr als dreidimensionales Objekt vorstellen (wie etwa eine Murmel oder ein Staubkorn), sondern es ist für unsere geistige Vorstellung abstrakter geworden. Beispielsweise könnte man Elektronen als »dynamische vierdimensionale Körper im Raum-Zeit-Gebilde« bezeichnen oder als »Wellen der Wahrscheinlichkeit«. Wir müssen uns vergegenwärtigen, daß nun Begriffe wie »Teilchen«, »Körper« und »Welle« nicht mehr dieselbe Bedeutung haben wie in der Alltagssprache. Die moderne Physik hat Enormes geleistet, um über die Welt der Konzepte hinauszugelangen, und ein Ergebnis ist, daß Teilchen – entgegen der herkömmlichen Auffassung – heutzutage eher als abstrakte mathematische Größen betrachtet werden.

Einige Wissenschaftler gehen sogar so weit zu sagen, daß die Eigenschaften von Atomteilchen nichts anderes sind als Schöpfungen ihres eigenen Geistes und daß die Teilchen in Wirklichkeit gar keine Eigenschaften besitzen, die unabhängig wären vom Geist derer, die sie beobachten. Das bedeutet, daß in der Welt der Teilchen der Geist, der die Wirklichkeit erfaßt, gleichzeitig auch der ist, der sie erschafft.

Physiker sehen heutzutage den Geist und das Geistesobjekt nicht mehr als etwas Getrenntes. Wissenschaftliche Beobachtung vollkommen objektiver Art ist somit nicht mehr denkbar. Der Geist kann nicht getrennt vom Objekt betrachtet werden. John Wheeler schlug daher vor, den Begriff »Beobachter« durch »Teilnehmer« zu ersetzen. Um sich als »Beobachter/in« zu begreifen, muß man strikt zwischen Subjekt und Objekt trennen; als »Teilnehmer/in« hingegen hebt man die Unterscheidung zwischen beiden letztlich auf. So erst wird direkte Erfahrung möglich. Diese Vorstellung von der teilnehmenden Beobachtung kommt der Meditationspraxis sehr nahe. Wenn wir über unseren Körper meditieren, dann meditieren wir ja gemäß dem *Satipatthana Sutta* über den »Körper *im* Körper«. Das bedeutet, daß wir unseren Körper nicht als getrenntes Objekt betrachten, der vom beobachtenden Geist unabhängig wäre. In der Meditation vermessen oder erörtern wir nicht das Geistesobjekt, sondern nehmen es direkt wahr. Dies nennt man »nicht unterscheidende Wahrnehmung« (*nirvikalpajñana*).

Die Gewohnheit, den Geist von seinem Objekt zu trennen, ist so stark in uns verwurzelt, daß wir sie nur Stück für Stück mit Hilfe der Meditation beseitigen können. Im *Satipatthana Sutta* finden wir vier Meditationsobjekte: den Körper, die Gefühle und Empfindungen, den Geist und die Geistesobjekte. Zu Lebzeiten des Buddha haben seine Schülerinnen und Schüler diese Meditation praktiziert. Wenn wir die Wirklichkeit in dieser Weise klassifizieren, so soll uns das bei der Meditation helfen, aber keinesfalls dazu dienen, diese Dinge zu analysieren. Im Sutra werden alle materiellen Erscheinungen als »Geistesobjekte« betrachtet. Natürlich werden auch Körper, Gefühle und Empfindungen und auch der Geist selbst als »Geistesobjekte« angesehen; die Tatsache, daß im Sutra *alle* Erscheinungen, einschließlich der materiellen, als »Geistesobjekte« gesehen werden, zeigt ganz deutlich, daß sich der Buddhismus bereits zu damaliger Zeit schon entschieden gegen eine Unterscheidung zwischen Geist und Geistesobjekten wandte.

Berge sind wieder Berge, Flüsse wieder Flüsse

Ein Atomphysiker, der nach einem Arbeitstag im Labor nach Hause kommt, hat vermutlich oft das Gefühl, daß ganz gewöhnliche Gegenstände wie ein Stuhl oder ein Stück Obst ihre Beschaffenheit, ihre Substanz, die sie vorher hatten, verloren haben. Man möchte meinen, Wissenschaftler können gar nichts Bedeutsames mehr im Bereich der Materie entdecken – außer ihrem eigenen Geist. Alfred Kastler bemerkte dazu folgendes: »Materie kann nur von ihren beiden gegensätzlichen Aspekten her betrachtet werden: Wellen und Teilchen. Inzwischen muß man es ablehnen, Objekte oder Dinge als Grundbausteine der Natur anzusehen, wie es vorher immer getan wurde.«[18]

Auch wenn nun ein Stuhl oder eine Apfelsine keine »Materie« mehr für uns sein mag, müssen wir trotzdem noch immer auf dem Stuhl sitzen und die Apfelsine essen. Wir bestehen ja aus derselben

Essenz wie sie, selbst wenn es sich nun nur noch um eine mathematische Formel handelt, die wir entwickelt haben. Für Meditierende ist deutlich, daß alle Erscheinungen sich gegenseitig durchdringen und mit allen anderen Erscheinungen verbunden, wechselseitig verwoben sind; deshalb betrachten sie im Alltag einen Stuhl oder eine Apfelsine auch durchaus mit anderen Augen als die meisten Menschen. Sehen sie Berge und Flüsse, so sehen sie, »daß Berge keine Berge mehr und Flüsse keine Flüsse mehr sind.« Berge »haben sich in Flüsse hineinbegeben« (im Sinne des wechselseitigen Durchdringens). Berge werden zu Flüssen, Flüsse zu Bergen (im Sinne des wechselseitigen Verbunden-, Verwobenseins). Wollen diese Menschen nun aber schwimmen gehen, so müssen sie schon zum Fluß gehen und nicht etwa einen Berg besteigen. Im Alltagsleben sind eben »Berge wieder Berge, Flüsse wieder Flüsse.«

Weder Form noch Leerheit

Ein Mensch, der sich wissenschaftlich mit der Natur der wechselseitigen Abhängigkeit der Teilchen beschäftigt, wird wahrscheinlich auch in seiner Alltagswahrnehmung davon beeinflußt. Gleichzeitig könnte damit auch ein Wandel in der spirituellen Haltung dieser Person einhergehen. Meditierende, die das wechselseitige Durchdringen und das Intersein (Miteinander-Verwobensein) aller Dinge erkennen, erfahren ihrerseits eine Wandlung. Die bisherigen Konzepte von einem »Ich« und von »Objekten« lösen sich auf, und die Menschen erkennen sich selbst in allem und alles in sich selbst. Diese

Verwandlung ist das eigentliche Ziel der Meditation. Deshalb ist es wichtig, die »Achtsamkeit gegenüber dem Sein« den ganzen Tag über aufrechtzuerhalten und nicht nur bei der Meditation. Ein meditierender Mensch ist stets achtsam, gleich, ob er geht, steht, liegt oder andere Dinge tut. Gewiß gibt es auch Wissenschaftlerinnen und Wissenschaftler, die sich genauso verhalten – sie beschäftigen sich den ganzen Tag über mit ihrem Forschungsgebiet, sind mit ihrem ganzen Sein dabei – ob beim Essen oder beim Baden.

Die Vorstellung vom Entstehen in Abhängigkeit (*paratantra*) kommt der Lebenswirklichkeit sehr nahe. In ihr werden alle dualistischen Konzepte wie eins/viele, innen/außen, Zeit/Raum, Geist/Materie und andere verworfen, die der Geist benutzt, um die Wirklichkeit einzugrenzen, zu zerteilen und zu formen. Die Vorstellung vom Entstehen in Abhängigkeit kann nicht nur helfen, das gewohnheitsmäßige Zersplittern der Realität zu beenden, sondern sie kann uns auch zu einer direkten Wirklichkeitserfahrung befähigen. Dennoch sollten wir sie als Werkzeug und nicht als eigenständige Wirklichkeitsform betrachten.

Paratantra ist das eigentliche Wesen der lebendigen Wirklichkeit – das Fehlen eines zugrundeliegenden Selbsts. Auch ein Dreieck besteht nur deshalb, weil drei Linien in einem bestimmten Verhältnis aufeinandertreffen – und so besteht auch kein anderes Ding aus sich selbst heraus. Da sie keine eigenständige Identität besitzen, sagt man von allen Erscheinungen, sie seien leer (*shunya*). Damit sind die Erscheinungen aber keineswegs nicht vorhanden; sie sind lediglich leer von einem eigenständigen Selbst, einer bleibenden Wesenhaftigkeit, die unabhängig von anderen Erscheinungen wäre. Analog sind gemäß der Bootstrap-Theorie Teilchen keine dreidimensionalen Staubpartikel, die unabhängig voneinander existierten.

Der Begriff »Leerheit« unterscheidet sich vom Begriff »leer« unseres Alltagsgebrauchs. Er transzendiert die üblichen Vorstellungen von Leerheit und Form. Leer sein ist nicht gleichzusetzen mit nicht existieren. Es gibt nur keine bleibende, dauerhafte Identität. Um Verwirrung zu vermeiden, gebrauchen buddhistische Lehrende oft den Begriff »Wahre Leerheit«, wenn sie sich auf diese Art des Leerseins beziehen. Der Zenmeister Hue Sinh, der im 11. Jh. lebte und der Ly-Dynastie entstammte, sagte, wir könnten Begriffe wie »leer« oder »Form« eigentlich gar nicht benutzen, um einen Gegenstand der Betrachtung damit zu beschreiben; die Wirklichkeit liege außerhalb dieser begrenzten Vorstellung:

Dharmas sind auch Nicht-Dharmas,
weder existieren sie, noch existieren sie nicht.
Wer dies vollkommen versteht,
erkennt, daß alle Wesen Buddha sind.

Die Udumbara-Blume blüht noch immer

In der Meditationspraxis über wahre Leerheit versuchen die Meditierenden, die falschen Vorstellungen von Sein und Nichtsein aufzulösen, indem sie sich klar machen, daß diese nur einer falschen Wahrnehmung der Dinge entspringen konnten: daß wir die Dinge nämlich für unabhängig und dauerhaft halten. Während sich an einem Apfelbaum Blüten bilden, können wir die Äpfel ja noch nicht erkennen, und so neigen wir dazu zu sagen: »Da sind zwar Blüten an dem Baum, aber keine Äpfel.« Dabei erkennen wir nicht die verborgene Präsenz der Äpfel in der Blüte. Erst mit der Zeit kommen die Äpfel zum Vorschein.

Betrachten wir einen Stuhl, erkennen wir wohl das Holz, nicht aber den Baum, den Wald, den Schreiner oder gar unseren eigenen Geist. Meditieren wir aber über diesen Stuhl, so sehen wir das gesamte Universum, wie es vollkommen mit dem Stuhl verwoben und wechselseitig mit ihm verbunden ist. Die Anwesenheit des Holzes offenbart die Anwesenheit des Baumes. Die Präsenz eines Blattes läßt uns die Präsenz der Sonne erkennen. Die Gegenwart der Apfelblüte kündet von der Gegenwart des Apfels. Als Meditierende erkennen wir das Eine in den Vielen und die Vielen in dem Einen. Noch bevor man den Stuhl sieht, erkennt man seine Präsenz bereits im Herzen der lebendigen Wirklichkeit. Der Stuhl ist nicht getrennt von allem. Ihn gibt es überhaupt nur in der wechselseitigen Abhängigkeit mit allem anderen in diesem Universum. Er *ist*, weil alles andere ist. Ist er nicht, dann *sind* auch alle anderen Dinge nicht.

Jedesmal, wenn wir das Wort »Stuhl« aussprechen oder die Vorstellung vom Stuhl sich in unserem Geist formt, teilen wir damit die Wirklichkeit in zwei Hälften. Dann gibt es »Stuhl« und alles andere, das »nicht Stuhl« ist. Dieses Zerreißen der Wirklichkeit ist gewalt-

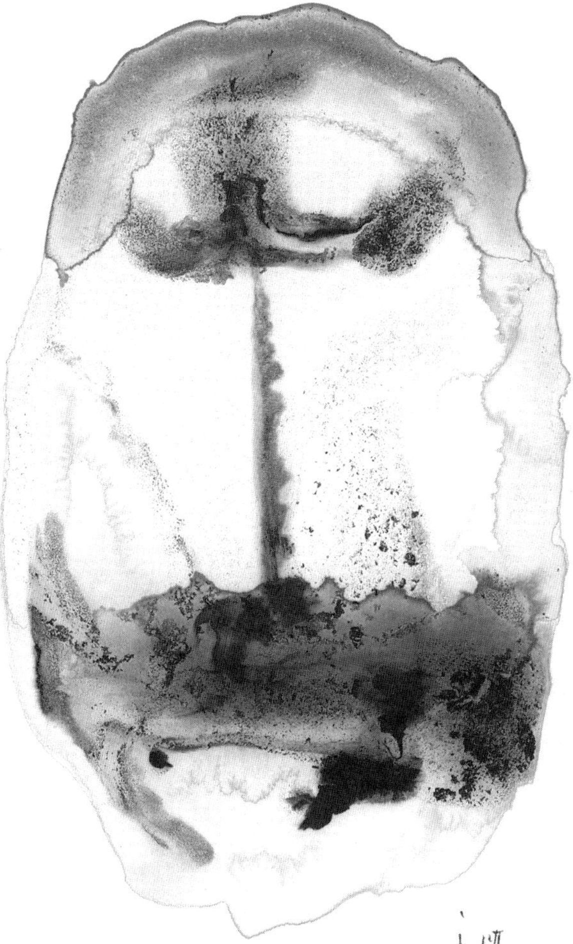
judith
241197

tätig und unsinnig zugleich. Wir greifen wieder einmal zum Schwert des konzeptuellen Denkens, weil wir nicht erkennen, daß der Stuhl zur Gänze aus Nicht-Stuhl-Elementen besteht. Da nun all diese Nicht-Stuhl-Elemente im Stuhl vorhanden sind, wie könnten wir sie voneinander trennen, sie auseinanderreißen? Ein erwachtes Wesen erkennt sofort die Nicht-Stuhl-Elemente im Stuhl und versteht, daß der Stuhl keinerlei Begrenzung hat, keinen Anfang und kein Ende.

Als kleines Kind hattest du vielleicht einmal ein Kaleidoskop zum Spielen. Die wunderschönsten Bilder kann man damit erzeugen, und dies nur mit Hilfe von ein paar bunten Glasstückchen, zwei Linsen und drei kleinen Spiegeln. Mit jeder Handbewegung erzeugst du ein neues, ebenso wundervolles Bild. Wir könnten nun behaupten, daß jedes Bild einen Anfang habe und auch ein Ende, aber wir wissen ja nun, daß seine wahre Natur, die aus Linsen und farbigen Glasstückchen besteht, keinen Anfang und kein Ende kennt, auch nicht, wenn wir stets neue Muster formen. Diese Abermillionen möglicher Muster unterliegen nicht der Vorstellung von »Anfang und Ende«. So ist es auch in der Meditation: Wir folgen unserem Atem und betrachten unsere eigene Natur und die der Welt, und wir sehen, daß sie ohne Anfang und Ende ist. Und so erkennen wir: Die Befreiung von Geburt und Tod ist in Reichweite, wir brauchen sie nur zu ergreifen.

Die Existenz eines Stuhles zu leugnen hieße, die Existenz des gesamten Universums zu leugnen. Ein Stuhl, der existiert, kann nicht nichtexistent gemacht werden – auch nicht dadurch, daß wir ihn zerhacken und als Feuerholz verwenden. Gelänge es uns wirklich, einen

Stuhl zu zerstören, so könnten wir auch das gesamte Universum zerstören. Die Vorstellung von »Anfang und Ende« ist eng verknüpft mit der von »Sein und Nichtsein«. Wie können wir zum Beispiel den Zeitpunkt bestimmen, an dem ein bestimmtes Fahrrad zu existieren beginnt? Und zu welchem Zeitpunkt gibt es das Fahrrad nicht mehr? Wenn wir sagen, es existiert erst dann, wenn das letzte Zubehörteil angebracht wurde, können wir nicht kurz davor auch sagen:»Jetzt fehlt an dem Fahrrad nur noch ein Teil.«? Und kann man nicht darauf fahren, weil es kaputt ist, so nennen wir es doch »ein kaputtes Fahrrad«, oder? Wenn wir über den Augenblick meditieren, in dem das Fahrrad ist, und über den Moment, in dem es nicht mehr ist, stellen wir fest, daß es sich der Kategorisierung durch »Sein oder Nichtsein« und »Anfang und Ende« entzieht.

Gab es den indischen Dichter Rabindranath Tagore bereits vor seiner Geburt, oder nicht? Existiert er auch nach seinem Tod weiter, oder nicht? Wenn du das im *Avatamsaka Sutra* dargestellte Prinzip der wechselseitigen Durchdringung akzeptierst oder das Prinzip des Interseins in der physikalischen Bootstrap-Theorie, dann kannst du nicht mehr sagen, es gebe eine Zeit, in der »Tagore *nicht* ist« – auch nicht vor oder nach seinem Tod. Ist Tagore nicht, so kann das ganze Universum nicht sein; auch du oder ich können dann nicht existieren. Es liegt nicht an seiner »Geburt«, daß Tagore existiert, genausowenig wie es an seinem »Tod« liegen könnte, daß er nicht existierte.

Eines Tages stand ich am späten Nachmittag auf dem Geiergipfel im indischen Bundesstaat Bihar und betrachtete dort einen zauberhaften Sonnenuntergang. Dabei erkannte ich auf einmal, daß der Buddha Shakyamuni noch immer dort saß:

> Der große Bettelmönch von damals
> ist noch dort auf dem Geiergipfel
> und betrachtet die ewig leuchtende Sonne.
> Gautama, wie seltsam!
> Wer sagt, daß die Udumbara-Blume
> nur einmal in 3000 Jahren erblüht?
> Der Klang der steigenden Flut –
> du mußt ihn einfach hören,
> wenn du ein aufmerksames Ohr dafür hast.

Mehrfach habe ich gehört, wie Freunde ihr Bedauern darüber ausdrückten, daß sie nicht zu Zeiten des Buddha leben konnten. Ich denke, selbst wenn sie ihm auf der Straße begegneten, würden sie ihn nicht erkennen. Es sind ja nicht nur Tagore und Buddha Shakyamuni ohne Anfang und ohne Ende, sondern wir alle sind es. Ich bin hier, weil du hier bist. Würde irgend jemand von uns nicht existieren, könnten alle anderen auch nicht existieren. Die Wirklichkeit läßt sich eben nicht durch Konzepte wie Sein und Nichtsein, Geburt und Tod erfassen. Der Begriff »Wahre Leerheit« kann bei der Beschreibung der Wirklichkeit von Hilfe sein und beitragen, alle Vorstellungen zu beseitigen, die uns gefangenhalten und trennen und lediglich eine künstliche Wirklichkeit erschaffen. Ist der Geist nicht frei von vorgeformten Gedankenkonzepten, können wir die Wirklichkeit nicht durchdringen. Wissenschaftler/innen gelangen zunehmend zur Einsicht, daß sie nicht-konzeptuelle Erkenntnisse schwerlich in normale Alltagssprache fassen können. So wird die wissenschaftliche Sprache allmählich zu einer Art dichterischer Symbolsprache. Es werden tatsächlich heute Bezeichnungen wie »Charme«, »Zauber« und »Farbigkeit« benutzt, um Eigenschaften der Teilchen zu beschreiben, für die wir keine konzeptuelle Entsprechung im Bereich der Makrophysik finden. So wird sich die Wirklichkeit eines Tages jenseits aller Konzepte und Messungsmethoden entfalten.

Der Tathagata kommt nicht, und er geht auch nicht

Die Realität, die man nicht durch Konzepte erfassen kann, diese »Wahre Leerheit«, wird auch »Soheit« (*bhutatathata*) genannt. »Soheit« bedeutet »es ist so«. Mit Worten und Konzepten kann man sie nicht erfassen, sondern nur durch direkte Erfahrung. Stellen wir uns eine Mandarine vor, die auf dem Tisch liegt. Jemand fragt: »Wie schmeckt sie?« Statt zu antworten, solltest du die Mandarine lieber zerteilen und dem Menschen, der die Frage gestellt hat, ein Stück zum Probieren anbieten. So ermöglichst du ihm, die Soheit der Mandarine zu erfassen, ohne verbale und vorstellungsgebundene Beschreibung.

Der Buddha wollte seine Schülerinnen und Schüler an die nicht bedingte Beschaffenheit der Wirklichkeit, die ohne Anfang und Ende ist, erinnern, und so bat er sie darum, ihn mit »Tathagata« anzureden. Dies ist kein Ehrentitel, sondern es bedeutet »der, der so kommt« oder »der, der so geht«. Das bedeutet, daß er aus der Soheit kommt, in Soheit verweilt und zur Soheit zurückkehrt, zur nicht mit Vorstellungen faßbaren Wirklichkeit also. Was oder wer käme *nicht* aus der Soheit? Du und ich, eine Raupe, ein Staubkörnchen – alles entsteht aus der Soheit, verweilt in Soheit und kehrt eines Tages in die Soheit zurück. Allerdings haben die Worte »kommen aus«, »verweilen in« und »zurückkehren zu« keinerlei echte Bedeutung, denn man kann Soheit nie verlassen. Im *Anuradha Sutta* gab der Buddha eine Antwort auf die Frage, die vielen Mönchen Kopfzerbrechen bereitete: »Was geschieht mit dem Buddha nach seinem Tod? Fährt er fort zu existieren? Hört er auf zu existieren? Tut er beides – existiert er weiter und auch nicht? Oder existiert er weder weiter noch nicht weiter?« Der Buddha fragte Anuradha: »Was denkst du, kann der Tathagata in der Form gefunden werden?« »Nein, Herr.« »Kann der Tathagata dann außerhalb der Form gefunden werden?« »Nein, Herr.« »Kann der Tathagata in den Empfindungen, den Wahrnehmungen, den Geistesregungen oder dem Bewußtsein gefunden werden?« »Nein, Herr.« »Anuradha, nicht einmal in diesem Leben kannst du den Tathagata finden. Warum also versuchst du das Problem zu lösen, ob ich nach meinem Tod fortfahre zu existieren oder aufhöre, ob ich sowohl fortfahre als auch aufhöre oder ob ich weder fortfahre noch aufhöre zu existieren?«[19]

Robert Oppenheimer, der Physiker, der auch als »Vater der ersten Atombombe« bekannt wurde, kannte diesen Abschnitt aus dem *Anu-*

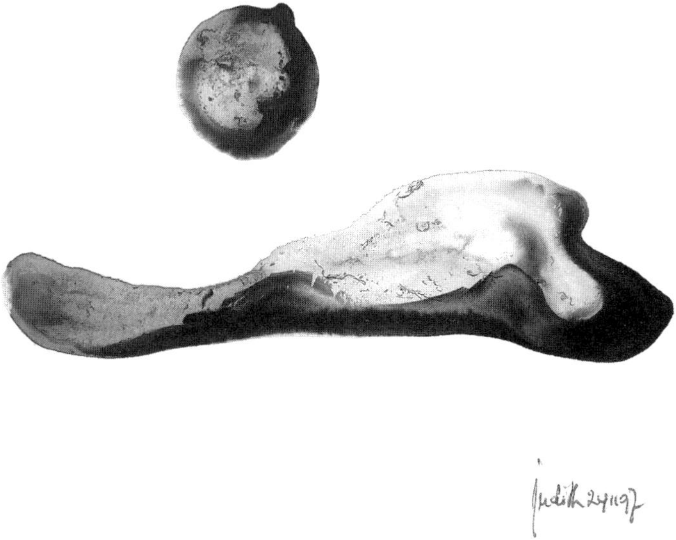
judith 24 11 97

radha Sutta. Aufgrund seiner Beobachtungen der atomaren Teilchen, die man nicht durch Konzepte von Raum, Zeit, Sein und Nichtsein begrenzen kann, verstand er auch die Aussage dieser Lehrrede. Er schrieb: »Wir neigen dazu, auf das, was wie eine ganz einfache Frage wirkt, entweder gar keine Antwort zu geben oder aber eine, die zunächst wie eine merkwürdige Art von Katechismus wirken muß – nicht aber wie eine direkte positive Aussage der Physikwissenschaft. Fragen wir beispielsweise, ob die Position eines Elektrons dieselbe bleibt, müssen wir mit ›nein‹ antworten; fragen wir nun, ob sich die Position des Elektrons mit der Zeit ändert, so antworten wir ›nein‹; fragen wir, ob sich das Elektron im Ruhezustand befindet, so lautet die Antwort ›nein‹; fragen wir, ob es in Bewegung ist, so ist unsere Antwort ›nein‹.«[20]

Die wissenschaftliche Sprache hat sich, wie wir sehen können, bereits der buddhistischen angenähert. Nach der Lektüre der zuvor erwähnte Stelle aus dem *Anuradha Sutta* sagte Oppenheimer, bis zu diesem Jahrhundert wären Wissenschaftler wohl nicht in der Lage gewesen, die Antworten zu verstehen, die der Buddha bereits vor 2 500 Jahren gegeben hat.

Wir können das Netz von Geburt und Tod zerreißen

Es gibt eine weitere Meditation neben der über wahre Leerheit. Sie heißt Meditation über das Wunder der Existenz. »Existenz« bedeutet: im Augenblick anwesend sein. Das »Wunder der Existenz« bedeutet demnach, sich dessen bewußt zu sein, daß das Universum in jeglichem Ding enthalten ist, daß es nicht existieren würde, wenn es nicht seinerseits jegliches Ding enthielte. Im Bewußtsein dieser wechselseitigen Verbundenheit, gegenseitiger Durchdringung und des Interseins (Miteinander-Verwobenseins) ist es uns unmöglich, zu sagen, daß etwas »ist« oder »nicht ist«. So sprechen wir lieber vom »Wunder der Existenz«.

Auch Oppenheimer hatte stets ein »Nein« als Antwort auf die vier Fragen nach der Beschaffenheit der Elektronen, aber damit wollte er nicht etwa sagen, daß die Elektronen nicht existieren. Und auch der Buddha meint, wenn er sagt: »Du kannst den Tathagata nicht einmal in diesem Leben finden« damit keineswegs, daß der Tathagata nicht existent sei. Im *Prajñaparamita Sutra* finden wir den Begriff »nicht leer« (*ashunya*), um diesen Zustand zu beschreiben. »Nicht leer« bezeichnet dasselbe wie das »Wunder der Existenz«. Die Begriffe »wahre Leerheit« und »Wunder der Existenz« können uns vor der Falle bewahren, wieder zwischen Sein und Nichtsein zu unterscheiden.

Elektronen wie auch der Tathagata befinden sich außerhalb der Konzepte von Sein und Nichtsein. Die Natur der Elektronen und des Tathagata ist wahre Leerheit und das Wunder der Existenz. Dies bewahrt uns vor der Falle von Sein und Nichtsein und führt uns direkt in die Welt der Konzeptlosigkeit. Wie können wir nun die Meditation über das Wunder der Existenz praktizieren? Jeder Mensch, der die Relativitätstheorie versteht, weiß, daß Raum eng verknüpft ist mit Zeit und Materie. Für ihn bekommt Raum eine erweiterte Bedeutung – anders als für die Menschen, die immer noch glauben, Raum existiere unabhängig von Zeit und Materie. Schauen wir uns eine Biene an, so können wir dies zunächst mit den Augen einer Physikerin tun, die sich mit Relativität auskennt; dann gehen wir noch einen Schritt weiter, um in der Biene wahre Leerheit und das Wunder der Existenz zu erkennen. Übst du dich regelmäßig darin, mit deinem ganzen Sein, dann bin ich ganz sicher, daß dich dies bald aus der Verstrickung im Netz von Geburt und Tod befreit. In Zenkreisen hatte das Problem von Geburt und Tod schon immer höchste Priorität. So zeichnete der Zenmeister Hakuin den Buchstaben für Tod ziemlich groß und fügte ihm dann kleinere Striche hinzu: »Jeder Mensch, der in die Tiefe dieses Wortes blickt, ist ein wahrer Held.«[21]

Früher dachte ich, die Befreiung von Geburt und Tod sei ein weit entferntes Ziel. Als ich damals an der buddhistischen Van-Hanh-Universität in Saigon lehrte, betrachtete ich die Statuen dieser ausgezehrten Arahats und stellte mir vor, wir müßten uns mit unseren Kräften dermaßen verausgaben – nur so könnten wir unsere Begierden zügeln, und erst dann würden wir die Befreiung verwirklichen. Als ich dann später am Phuong-Boi-Institut in Zentralvietnam praktizierte, begriff ich, daß die Befreiung von Geburt und Tod überhaupt kein abstraktes langwieriges Projekt ist; es handelt sich bei Geburt und Tod lediglich um Konzepte, und wenn man sich von diesen Konzepten befreit, so ist man auch frei von Geburt und Tod. Dies ist durchaus erreichbar.

Aber rein intellektuelles Verstehen führt kaum zur Befreiung von Geburt und Tod. Wenn man die Natur der wechselseitigen Abhängigkeit aller Dinge im Universum betrachtet, wenn man die Bedeutung von wahrer Leerheit versteht und die vom Wunder der Existenz, dann hat man die Samen der Befreiung bereits auf dem Acker des eigenen Bewußtseins gesät. Meditation läßt diese Samen wachsen. Durch die Meditationspraxis werden wir stark genug, um das Konzept von Geburt und Tod zu durchbrechen. Dabei handelt es sich ja nur um eins der vielen, vielen Konzepte, die wir entwickelt haben.

Ein Physiker, der zwar in der Lage ist, die wechselseitige Durchdringung und das Intersein aller Kleinstteilchen zu erkennen, aber nicht seinen Intellekt überschreitet, hat vom Standpunkt der buddhistischen Befreiungsvorstellung aus lediglich eine dekorative Fassade erlangt. Auch jemand, der den Buddhismus studiert, ohne sich der Meditation zu widmen, hat nur Wissen als Dekoration angesammelt. Wir selbst halten unser Schicksal in der Hand. Wir müssen so lange praktizieren, bis wir alle Vorstellungen über Leben und Tod, Sein und Nichtsein überwunden haben.

Die Bilder, die ich beschrieben habe – die Sonne, eine Apfelsine, ein Stuhl, eine Raupe, ein Fahrrad, Elektronen und so weiter – können uns als Objekte einer direkten Wirklichkeitserfahrung dienen. Meditiere über die Sonne als dein zweites Herz, das Herz deines »Außen-Ichs«. Meditiere über die Sonne in jeder deiner Körperzellen. Meditiere, um die Sonne in den Pflanzen, in jedem nahrhaften

Bissen Gemüse zu erkennen, den du zu dir nimmst. Allmählich erkennst du »den Körper der letztendlichen Wirklichkeit« (*dharmakaya*) und deine eigene »wahre Natur«. Dann können dich Geburt und Tod nicht mehr berühren. Deine Mühen sind von Erfolg gekrönt. Tuê Trung, ein vietnamesischer Zenmeister aus dem 14. Jh., schrieb:

Geburt und Tod,
ihr habt mich stets gepeinigt.
Jetzt könnt ihr mich nicht mehr berühren.

Meditiere bitte gründlich über diese beiden Sätze, bis du Tuê Trung in jeder Zelle deines Körpers erkennen kannst.

Ein Blatt führt uns geradewegs in eine Wirklichkeit ohne Konzepte

Die chinesische Lin-chi-Zenschule hat sich besonders der Entwicklung von Kung-ans gewidmet. Sie dienen als Werkzeuge zum Erwachen und bewirken eine starke innere Sammlung, weil der oder die Meditierende den Geist ständig auf einen Gegenstand gerichtet hält. Es folgen einige Beispiele für Kung-ans in Frageform:

Welches war dein wahres Gesicht,
bevor deine Eltern dich zur Welt brachten?
Was ist der Klang einer klatschenden Hand?
Alles kehrt zurück zu dem Einem.
Wohin kehrt das Eine zurück?

Die Frageform erheischt unsere Aufmerksamkeit. Einige Kung-ans, wie die folgenden, sind nicht als Frage formuliert, haben aber dennoch die Wirkung einer Frage:

Ein Hund besitzt nicht die Natur des Erwachens.
Nichts ist heilig.
Te-Shans Haar ist weiß, Tche-hais Haar ist schwarz.

Das Fragen ist demnach ein wichtiges Element in der Meditationspraxis mit einem Kung-an. Das Ziel ist, alle Konzepte und Konzeptbildungen zu zerstören. Obwohl es eigentlich gerade nicht der Zweck von Kung-ans ist, belassen sie den Meditierenden doch häufig zu lange in seinen Gedankenkonstrukten und Konzeptbildungen. Oft landet die oder der Meditierende erst in einer Sackgasse und ist völlig erschöpft, bis sie oder er alles Konzeptdenken fallenläßt und zu sich selbst zurückkehrt. Das halte ich für einen Schwachpunkt der Kung-an-Praxis.

Bei der Meditation über das Intersein und über das Wunder der Existenz können sich die Meditierenden jede Erscheinung zum Meditationsobjekt wählen, aber sie sollten dann auch in der Lage sein, sich dem jeweiligen Objekt für eine Weile voller Achtsamkeit zu widmen. Es kann sich dabei um die Sonne, ein Blatt oder eine Raupe handeln. Diese Meditation ist nicht so rätselhaft wie ein Kung-an, aber sie ist von Erfolg gekrönt, wenn die Meditierenden zielstrebig das Sonnenlicht der Achtsamkeit aufrechterhalten – Stunde um Stunde. Sie erspart ihnen auch viele Stunden angestrengter Geistestätigkeit bei der Suche nach der Antwort auf eine Frage, die gar nicht mit dem Intellekt zu beantworten ist. Die Sonne, ein Blatt, eine Raupe führen geradewegs in die Welt der konzeptlosen Wirklichkeit – eine lebendige, direkte Erfahrung.

Freier Geist und freies Geistesobjekt

Eine weitere wichtige Meditation, die wir »Geist und Objekt enthalten einander« nennen wollen, zielt darauf ab, jegliche Unterscheidung zwischen dem Geist und seinen Objekten zu beenden. Betrachten wir den blauen Himmel, die weißen Wolken, das Meer, so halten wir sie automatisch für drei getrennte Erscheinungen. Schauen wir aber genauer hin, so erkennen wir ihre gemeinsame Beschaffenheit und die Tatsache, daß sie nicht unabhängig voneinander existieren können. Wenn du sagst: »Ich hatte Angst vor der Schlange, der ich gerade begegnet bin«, so behandelst du die Schlange als etwas Körperliches und die Angst als etwas Psychisches. Die Meditation »Geist und Objekt enthalten einander« ist ein Mittel, um diese Art der Unterscheidung zu überwinden.

Leibniz, ein deutscher Philosoph und Wissenschaftler, stellte die Vermutung an, daß nicht nur Farben, Licht und Temperatur, sondern auch Formen, Inhalt und Bewegung aller Dinge innerhalb des Universums möglicherweise nichts anderes als Eigenschaften sind, die der Geist auf die Wirklichkeit projiziert. Im Lichte der Quantentheorie kann man heute nicht mehr davon ausgehen, wie noch Descartes es tat, daß Geist und Objekt zwei getrennte Wirklichkeiten sind, die unabhängig voneinander existieren.

Um es ganz schlicht zu sagen: In dem Satz »Ich hatte Angst vor der Schlange« finden wir ein »Ich«, eine »Schlange« und »Angst«. »Angst«, eine seelische Erscheinung, ist nicht nur untrennbar verbunden mit den körperlichen Phänomenen »Ich« und »Schlange«, sondern sie ist auch unlösbar verwoben im Netz des gesamten Universums und hat dieselbe Natur, dieselbe Beschaffenheit wie das Universum. Das Konzept »Angst« schließt das Konzept »Schlange« mit ein und auch das Konzept der Person, die da Angst vor dem Schlangenbiß hat. Bemühen wir uns um Objektivität, so stellen wir fest, daß wir eigentlich unsicher sind in bezug auf die Natur einer Schlange und auch einer Person, aber Angst kennen wir als direkte Erfahrung, die wir erkennen und einordnen können.

Bei der Meditation über die wechselseitige Abhängigkeit können wir erkennen, daß jeder Bewußtseinsmoment das ganze Universum beinhaltet. Dieser Moment kann eine Erinnerung sein, eine Wahrnehmung vielleicht, ein Gefühl, eine Hoffnung. In Hinblick auf den Raum können wir ihn als »Teilchen« des Bewußtseins betrachten. In Hinblick auf die Zeit können wir ihn als »Staubkörnchen« der Zeit betrachten (*kshana*). Ein Bewußtseinsaugenblick umfaßt Vergangenheit, Gegenwart und Zukunft zugleich; er enthält das ganze Universum.

Wenn wir vom Geist sprechen, dann denken wir gewöhnlich an seelische Erscheinungen wie Gefühle, Gedanken oder Vorstellungen. Sprechen wir von Geistesobjekten, so meinen wir damit physisch-physikalische Erscheinungen wie Berge, Bäume oder Tiere. Äußern wir uns auf diese Weise, so erkennen wir zwar die Erscheinungsform des Geistes und der Objekte, nicht aber deren Natur, ihre Beschaffenheit. Wir haben beobachtet, daß diese beiden Arten von Erscheinungen, der Geist und seine Objekte, nur in wechselseitiger Abhängigkeit existieren können. Aber wir erkennen noch nicht, daß sie selbst von ein und derselben Natur sind. Manchmal nennen wir diese Natur »Geist«, dann wieder »Soheit« (*tathata*), mal nennen wir sie »Gott«. Wie auch immer die Bezeichnung sein mag, wir können diese Natur, dieses So-sein, nicht mit Konzepten ermessen. Sie ist grenzenlos und schließt alles ein, ohne Begrenzungen und Hindernisse. Aus der Sicht der Einheit nennt man sie *Dharmakaya*. Aus der Sicht der Dualität nennt man sie »Geist ohne Begrenzung« gegenüber »Welt ohne Begrenzung«. Im *Avatamsaka Sutra* finden wir die Bezeichnungen »unbehinderter Geist« und »unbehindertes Objekt«. Der Geist und die Welt beinhalten einander auf so vollkommene und vollständige Weise, daß wir dies die »vollkommene Einheit von Geist und Objekt« nennen können.

Der großartige vollkommene Spiegel

Im Jahr 1956 hielt der Physiker Erwin Schrödinger am Trinity College in Cambridge eine Vorlesung über Geist und Materie, und er stellte dabei die Frage, ob Bewußtsein eigentlich Singular oder Plural sein müsse. Er zog den Schluß, daß es zwar von außen gesehen viele

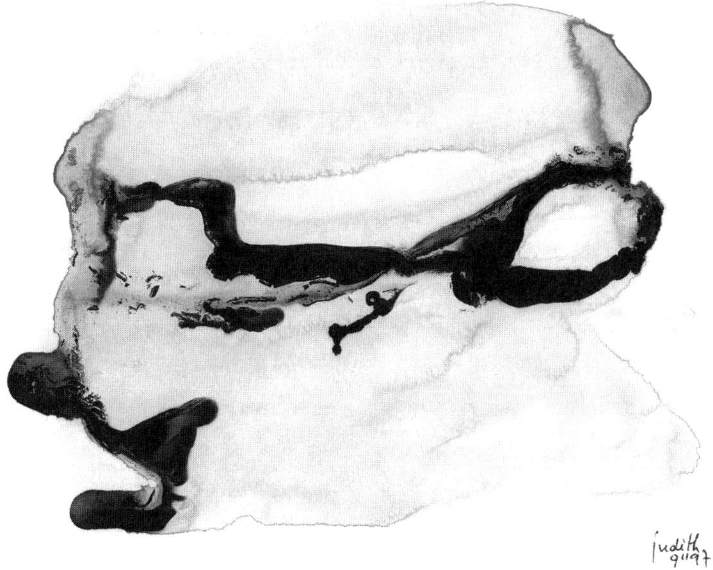
judith

»Geiste« gebe, aber in Wirklichkeit gebe es nur einen einzigen.[22] Schrödinger war von der Philosophie des Vedanta beeinflußt. Ihn interessierte ein Phänomen, das er »das arithmetische Paradox« des Geistes nannte. Wie wir inzwischen wissen, ist die Unterteilung in eins und viele lediglich ein Produkt unserer Vorstellungen. Solange wir Gefangene einer solchen Aufteilung und Trennung sind, sind wir Gefangene des arithmetischen Paradoxes. Nur wenn wir das Intersein und die wechselseitige Verbundenheit aller Dinge erkennen, sind wir frei. Die Wirklichkeit ist weder eine noch viele.

Die Vertreter des Vijñanavada beschreiben die Vorstellung von der »vollkommenen Einheit von Geist und Objekten« als einen »Spiegel, in dem sich alle Erscheinungen widerspiegeln.« Ohne Erscheinungen kann es keine Spiegelung geben, und ohne Widerspiegelung kann es keinen Spiegel geben. Das Bild, das gewählt wird, um den Geist zu beschreiben, ist »ein großer runder Spiegel, den nichts verdecken und der nichts verbergen kann.« Man stellt sich vor, daß alle Erscheinungen in einer Art Speicher (*alaya*) aufbewahrt werden. Der Inhalt und der Besitzer (Subjekt des Wissens) sind eins in diesem Lagerhaus. In den Vijñanavada-Lehren enthält Alaya die Samen (*bija*) für alle physikalischen, körperlichen und seelischen Erscheinungen. Gleichzeitig dient er als Grundlage, Boden, von dem aus die Subjekte und die Objekte des Wissens entstehen. Alayabewußtsein (*alayavijñana*) ist weder durch Raum noch Zeit begrenzt. Tatsächlich entstehen sogar Raum und Zeit aus dem Alayabewußtsein.

Bedeutsam ist es nach der Vijñanavada-Lehre, das Objekt der

Wahrnehmung zu verstehen. Da unterscheidet man drei Typen: reine Objekte oder die Wirklichkeit an sich (*svabhava*), Darstellungen oder in Konzepte gefaßte sichtbare Objekte (*samanya-lakshana*) und reine Bilder oder in Konzepte gefaßte Objekte, die im Gedächtnis bleiben und unter den passenden Bedingungen wieder im Geist erscheinen.

Manyana und Vijñapti

Zwei Arten von Bewußtsein entspringen dem Alayabewußtsein: *manyana* und *vijñapti*. Vijñapti bringt alle Gefühle und Empfindungen, alle Wahrnehmungen, Konzepte und Gedanken hervor; es basiert auf den Sinnesorganen, dem Nervensystem und dem Gehirn. Das Objekt von Vijñapti ist die Wirklichkeit an sich (*svabhava*), die nur erfahrbar ist, wenn die Empfindungen und Wahrnehmungen rein und unmittelbar sind. Wenn das Objekt aber durch den Schleier der Konzeptbildung gesehen wird, so kann es allenfalls ein Abbild der Wirklichkeit (*samanya lakshana*) sein oder ein reines Bild wie zum Beispiel ein nächtlicher Traum oder ein Tagtraum. Obwohl das Objekt einer reinen Sinneswahrnehmung Realität an sich ist, so wird es doch, wenn es durch die Brille von Konzepten und Gedanken wahrgenommen wird, bereits wieder zerstört. Die Wirklichkeit an sich ist ein Lebensstrom, immer im Fluß. Bilder von der Realität – von Konzepten hervorgerufen – sind verfestigte Strukturen, die von Vorstellungen über Raum/Zeit, Geburt/Tod, Hervorbringen/Zerstören, Existenz/Nichtexistenz, eins/viele gebildet werden.

Manyana ist eine Art Einbildung, da gäbe es ein getrenntes Selbst, das unabhängig vom Rest der Welt bestehen könnte. Diese Einbildung wird durch Gewohnheit und Unwissen hervorgerufen. Seine illusionäre Struktur verdankt es Vijñapti, und gleichzeitig wird es umgekehrt auch zur Grundlage für Vijñapti. Das Objekt dieser Einbildung ist ein verzerrtes Fragment vom Alayabewußtsein, das irrtümlich für ein Selbst gehalten wird – aus einem Körper und einer Seele bestehend. Es handelt sich dabei natürlich nie um die Wirklichkeit an sich, sondern lediglich um eine Darstellung der Wirklichkeit. In seiner Funktion als Selbst wie auch als Bewußtsein des Selbst gilt Manyana als das Haupthindernis für die Durchdringung der Wirklichkeit. Meditative Betrachtung durch Vijñapati kann die irrigen Vorstellungen, die Manyana hervorrief, wieder beseitigen.

Innerhalb von Vijñapti gibt es sechs Arten von Bewußtsein: das Bewußtsein des Sehens, Hörens, Riechens, Schmeckens, Berührens und Denkens. Das Bewußtsein des Denkens oder Geistesbewußtsein (*manovijñana*) umfaßt das weiteste Aktionsfeld. Es kann aktiv sein in Verbindung mit den anderen Sinnen, zum Beispiel als Achtsamkeit des Sehens. Es kann aber auch allein aktiv sein, so beim Bilden von Konzepten, beim Nachdenken, beim Entwerfen von Vorstellungen und Bildern und beim Träumen. Das Geistesbewußtsein ist die sechste Bewußtseinsart nach den fünf Sinnesbewußtseins-Formen. Manyana (oder *manas*) und Alayavijñana sind das siebente und das achte Bewußtsein.

Wie bereits erwähnt, ist das Objekt nur im Falle reiner Sinneswahrnehmung Wirklichkeit an sich. Die Sinne sind nämlich bei der Durchdringung der Wirklichkeit nur von relativer Bedeutsamkeit. Deshalb ist das, was gefühlt oder gespürt wird, niemals die Realität in ihrer Gesamtheit, auch wenn der Inhalt jeder Empfindung schon Wirklichkeit an sich darstellt. Die Wissenschaft hat nachgewiesen, daß das menschliche Auge nur einen Bruchteil des elektromagnetischen Spektrums wahrnehmen kann. Radium und kosmische Strahlen haben eine zu hohe Frequenz, um von uns optisch wahrgenommen zu werden. Radiowellen können wir nicht sehen. Sehen wir Licht oder hören wir Töne, so empfangen wir nur Wellen innerhalb bestimmter Frequenzen. Infrarotstrahlen sind für uns unsichtbar, da sie eine größere Wellenlänge haben, als für uns wahrnehmbar ist. Röntgenstrahlen haben eine kürzere Wellenlänge als sichtbares Licht – deshalb können wir auch sie nicht sehen. Alles im Universum würde für uns ganz anders aussehen, wenn wir Röntgenstrahlen sehen könnten! Auch können wir solche hochfrequenten Töne nicht empfangen, wie sie zum Beispiel von Hunden und anderen Tieren wahrgenommen werden. So können viele Tierarten auf dieser Erde weitaus mehr von der Wirklichkeit wahrnehmen als wir Menschen.

Die vollkommene letztendliche Wirklichkeit kann demzufolge nur mit den Augen tiefen Verstehens erfaßt werden, aber diese Augen öffnen sich erst dann, wenn die Konzepte und Vorstellungen, aus denen sich Manyana bildet, wie auch unsere Anhaftung an falsche

Ansichten beseitigt werden. Dann erst kann sich Alaya als gewaltiger, vollkommener Spiegel entfalten, in dem sich das ganze Universum spiegelt.

Ist das Alayabewußtsein eins oder viele?

Wenn wir die Frage stellten: »Hat jeder und jede ein eigenes Alayabewußtsein, oder besitzen wir alle ein gemeinsames Alayabewußtsein?«, so würde das beweisen, daß wir die wahre Natur des Interseins und des wechselseitigen Durchdringens noch nicht erfaßt haben. Noch immer wären wir in den Fängen des »Arithmetischen Paradox«, wie Schrödinger es nannte. Dann fragen wir uns vielleicht noch: »Wenn schon nicht jeder ein eigenes Alayabewußtsein besitzt, warum haben wir dann aber getrennte, individuelle Erinnerungen?«

Kann man behaupten, daß das eine Kind seine Lektion lernt und daß ein anderes sie auswendig weiß? Wellen brechen sich an der Wasseroberfläche, und obwohl sie nicht losgelöst vom Wasser existieren können, haben sie doch ihre eigene Form und ihren eigenen Ort. Viele Zuflüsse mögen in einen Fluß einmünden, aber alle zusammen bilden eine Einheit mit dem Fluß. An der Meeresoberfläche der Erscheinungen sehen wir viele Wellen glitzern, aber jede, die sich bildet, und jede, die sich wieder auflöst, hängt dabei von allen anderen ab. Die Erinnerungen jedes einzelnen Menschen sind nicht nur die jeweils ganz persönlichen Schätze. Sie sind lebendige Wirklichkeiten, die verbunden sind mit allen anderen lebendigen Wirklichkeiten. Unentwegt erfahren sie Verwandlung, genau wie unsere

Körper. Jede stellt eine Realität dar, aber die Wirklichkeit unterliegt nicht Vorstellungen von eins und viele.

Laß die Sonne der Achtsamkeit auf den Dharmakaya scheinen

Diese Lehren aus der Vijñanavada-Schule sollen uns bei der Meditation helfen, nicht als Beschreibung der Wirklichkeit dienen. Dabei sollten wir nie vergessen, daß die Erscheinungen, die wir das sechste und das siebente Bewußtsein nennen, also Wirklichkeit an sich und Darstellung der Wirklichkeit, nicht unabhängig voneinander oder unabhängig von Zeit und Raum existieren. Auch die Darstellung eines Objekts, das uns im Traum erscheint, ist eine lebendige Wirklichkeit, in der das ganze Universum vorhanden ist. Oft denken wir ja, daß das Bild einer Fee im Traum keine Realität besitze, weil sie ohne materielle Grundlage ist, aber wie steht es dann um die Bilder auf dem Fernsehschirm? Sind *sie* denn wirklich? Können wir ihre Substanz erfassen oder ihre materielle Grundlage finden? Aber natürlich sind sie dennoch wirklich. Das gesamte Universum ist in ihnen enthalten. Auch eine Illusion schließt alles im Universum mit ein. Die Illusion kann nur existieren, weil alles andere existiert. Auch ihre Existenz besitzt die gleiche wunderbare Natur wie ein Atomteilchen. Und ein Teilchen wird in der modernen Wissenschaft keineswegs mehr als etwas Festes betrachtet oder als etwas Konkretes definiert.

Wenn sich das sechste Vijñana, das Geistesbewußtsein, in tiefer Sammlung befindet, dann bildet es keine illusionären Objekte. In solchen Augenblicken ist eine lebendige und unmittelbare Erfahrung der letztendlichen Wirklichkeit möglich. Bewußt sein bedeutet immer, sich einer Sache bewußt zu sein. Deshalb sollten wir nicht glauben, wir könnten unser Bewußtsein quasi in einen »reinen« Zustand versetzen, in dem es gar keine Objekte gibt. Ein Bewußtsein ohne Objekte ist ein Bewußtsein, das sich nicht manifestiert hat. Es liegt im Alaya verborgen wie eine Welle, die in ruhigem Wasser verborgen ist. Es gibt einen Zustand der Sammlung, den man während der Meditation erlangen kann, »Sammlung ohne Wahrnehmung« genannt; das Bewußtsein ist hier nicht mehr aktiv. (Dieser Zustand ist identisch mit der vierten der vier zuvor aufgeführten formlosen Vertiefungen »weder-Wahrnehmung-noch-Nichtwahrnehmung«. Anm. d. Übs. Auch bei traumlosem Schlaf ruht das Bewußtsein in diesem latenten Zustand im Alaya.

Bei der Meditation richten wir unsere ganze Aufmerksamkeit auf das Objekt – so entsteht die Konzentration, die Sammlung. Keinesfalls ist diese Meditation passiv oder dumpf; wir müssen sogar sehr wach dabei sein. Wir halten unsere Aufmerksamkeit auf das Objekt gerichtet, das der Geist selbst ist, so wie die Sonne beständig auf frisch gefallenen Schnee oder üppigen Pflanzenwuchs scheint. Dabei können wir auch unsere Atmung mit unserer wachen Aufmerksamkeit koordinieren, was unsere Sammlung verstärken kann. Benutzen wir ein Blatt als Meditationsobjekt, können wir mit Hilfe dieses Blattes die vollkommene Einheit von Geist und Universum erkennen. Meditieren wir über die Präsenz der Sonne in unserem Körper, können wir erfahren, daß der Dharmakaya ohne Anfang und Ende ist. Über Intersein und die wechselseitige Durchdringung zu meditieren ist ein Mittel, mit Konzepten zu brechen, und wenn wir solche Möglichkeiten nutzen, können wir damit zu einer unmittelbaren Erfahrung der letztendlichen Wirklichkeit gelangen – und dies in Geist und Körper zugleich. Im Vijñanavada nennt man das *vijñaptimatrata*.

Von der wechselseitigen Abhängigkeit (paratantra) zur vollkommenen Wirklichkeit (nishpanna)

Die Praxis der Meditation über die dreifältige Natur aller Dinge (*trisvabhava*) ähnelt der Meditation über das Prinzip des Entstehens in Abhängigkeit. In beiden beginnen wir mit der Meditation über die wechselseitige Abhängigkeitsbeziehung aller Dinge (*paratantra*). Damit machen wir uns klar, daß das Bild von der Wirklichkeit, das wir im Geist mit uns tragen, verzerrt ist, denn es gründet sich auf der Vorstellung von Geburt/Tod, eins/viele, Raum/Zeit und anderen Konzepten. Das bedeutet, es beruht auf Illusion. Werfen wir im Lichte der wechselseitigen Abhängigkeit einen genauen Blick auf die Wirklichkeit, befreien wir uns schrittweise aus dem Netz, in dem uns die Vorstellung von einem »Ich« als getrenntem Selbst und allen Dharmas als abgetrennten »Eigenwesen« gefangen hält. Selbst wenn illusionäre Vorstellungen (*anushaya*) noch tief im Alaya verwurzelt sein mögen, können wir sie doch lösen und vernichten. Wir können vollkommene Befreiung erlangen in jedem Moment, den wir gänzlich im Lichte der wechselseitigen Abhängigkeit leben. So wie wir das Floß nicht mehr brauchen, wenn das Ufer erreicht ist, so brauchen wir auch kein Konzept der wechselseitigen Abhängigkeit mehr, wenn wir erst einmal im gegenwärtigen Augenblick in Harmonie mit allen Dingen leben. Friedvoll weilen wir dann in der wahren Natur des Bewußtseins. Das nennen wir letztendliche Wirklichkeit. Das ist die Welt der Soheit (*tathata*), die Welt der vollkommenen Einheit von Geist und Objekt.

Bedingte Wirklichkeit und letztendliche Wirklichkeit sind untrennbar

Nichts treibt uns, die Welt der Soheit zu erreichen, denn Soheit *ist* jederzeit erreichbar. Im *Avatamsaka Sutra* wird sie der »Dharma-Bereich der Wahrheit« genannt, die Welt der wahren Natur. Die Welt der Berge und Flüsse, der Pflanzen und Tiere, in der jedes Ding seinen eigenen Platz zu haben scheint, wird der »Dharma-Bereich der Erscheinungen« genannt. Doch sind diese beiden Welten nicht getrennt. Sie sind eins, wie Wasser und Wellen. Deshalb bezieht man sich auch auf sie als den »Dharma-Bereich der ungehinderten wechselseitigen Durchdringung der Wahrheit und der Erscheinungen«. Die wechselseitige Durchdringung wird in dieser Welt der Erscheinungen, in der *eine* Erscheinung *alle* ist und *alle* Erscheinungen *eine* sind, auch der »Dharma-Bereich der ungehinderten wechselseitigen Durchdringung aller Erscheinungen« genannt. Hiervon handeln die Vier Dharma-Bereiche, von denen im *Avatamsaka Sutra* die Rede ist. Der chinesische Zenmeister Fa Cang aus der Tang-Dynastie, einer der großen Gelehrten auf diesem Gebiet, schrieb einen Text, in dem er die Meditationsmethoden beschreibt, die uns dabei helfen können, falsche Ansichten zu zerstören und zur Quelle zurückzukehren, also dahin, wo sie entstanden sind. Das bedeutet, einen klaren, vollkommenen Blick zu erlangen auf die Welt der Soheit.[23]

Der englische Physiker David Bohm hat eine Theorie entwickelt zu dem, was er »die innere Ordnung und die äußere Ordnung« nennt. Diese kommt der Vorstellung vom Dharma-Bereich der ungehinderten wechselseitigen Durchdringung aller Erscheinungen sehr nahe. Bohm erklärt, daß alle Wirklichkeiten, die unabhängig voneinander zu existieren scheinen, zur äußeren Ordnung gehören, einer Ordnung also, in der die Dinge außerhalb voneinander zu existieren scheinen. Betrachten wir dies jedoch eingehend, sehen wir, daß im Universum alles mit allem verknüpft ist; in einem Teilchen können wir das ganze Universum sehen, denn es ist in ihm enthalten, und aus ihm ist es wiederum entstanden. Diese Betrachtung bringt uns zur Welt der inneren Ordnung, in der »Zeit und Raum nicht mehr darüber entscheiden, ob die Dinge voneinander abhängen oder nicht.« Nach Bohm muß die gegenwärtige Wissenschaft von der Ganzheit der inneren Ordnung ausgehen, um in der Lage zu sein, die wirkliche Natur eines jeden Phänomens, einer jeden Erscheinung, zu erkennen. Auf der bereits erwähnten Konferenz in Córdoba sagte er: »Das Elektron ist immer das Ganze.«[24] Diese Betrachtungsweise kommt dem »Eines im Ganzen« aus dem *Avatamsaka Sutra* sehr nahe. Wenn Bohm in seiner Forschungsarbeit noch weitergehen und gleichzeitig Meditation praktizieren würde, in der Geist und Körper mit einbezogen sind, dann könnte er durchaus zu einem unerwarteten Ergebnis gelangen und einen entscheidenden Durchbruch in der Physik bewirken.

Betrachte eingehend deine Hand

Glück entsteht aus der Achtsamkeit im Sein

Heute morgen war der Himmel klar, und es war angenehm warm. Die kleine Thuy machte sich auf den Weg zur Schule. Zuvor hatte sie etwas gebratenen Reis gegessen, den ich ihr zubereitet hatte. Ich ging in den Garten und wollte ein paar Salatpflänzchen umpflanzen. Als ich wieder ins Haus kam, um mir die Hände zu waschen, stellte ich fest, daß mein Gast bereits wach war und sich gerade das Gesicht wusch. So setzte ich Wasser auf und kochte eine Kanne Tee. Ich nahm zwei Tassen mit hinaus in den Garten und wartete darauf, daß mein Freund herauskäme.

Wir tranken unseren Tee im warmen Sonnenschein. Mein Freund stellte mir die Frage, wie wir die Wirkung der Meditationspraxis erkennen können. Ich erklärte ihm, Frieden und Glück seien die Dinge, an denen man den Erfolg der Meditation messen könne. Wenn wir nicht ruhiger und glücklicher werden, dann stimmt mit unserer Praxis etwas nicht.

Manchmal meinen die Leute, ohne Lehrer oder Lehrerin könne

Meditation nur Verwirrung stiften und zu innerer Unausgeglichenheit führen. Aber ist es nicht immer möglich, einen Menschen zu finden, der als Lehrerin oder Lehrer sehr weit entwickelt ist. Solche Menschen sind selten, wobei man durchaus Lehrenden begegnen kann, die den Weg noch nicht vollkommen verwirklicht haben. Wenn du keine Gelegenheit hast, bei einem Menschen zu lernen, der Verwirklichung erlangt hat, dann ist es die weitaus klügste Art, sich auf die Lehrerin, den Lehrer in dir selbst zu verlassen.

Gehe dabei langsam und vorsichtig vor. Es ist zum Beispiel keineswegs nötig, die vier formlosen Meditationen zu praktizieren. Strenge Körper und Geist niemals an. Sei sanft zu dir. Lebe einfach und achtsam im Alltag. Bist du achtsam, so hast du alles; du *bist* alles! Wirf doch einmal einen Blick in das Buch *Das Wunder der Achtsamkeit*[24]. Darin findest du viele praktische Vorschläge zur Entwicklung von Achtsamkeit. Bücher mit praktischen Anweisungen zur Meditation sollte man nicht nur vor Beginn der Sitzmeditation lesen, sondern auch zu anderen Gelegenheiten. Eine Minute Meditation ist eine Minute voller Frieden und Glück. Wenn dir die Meditation nicht angenehm ist, dann praktizierst du nicht richtig.

Meditation erzeugt ein Glücksgefühl. In erster Linie kommt dieses Gefühl daher, daß du selbst alles bewußt erlebst, daß du nicht mehr unachtsam bist. Wenn du deinem Atem folgst und ein kleines Lächeln zuläßt, auf deine Gefühle und Gedanken achtest, dann werden deine Bewegungen von allein weich und entspannt; Harmonie und wirkliches Glück entstehen. Unseren Geist in jedem Augenblick

präsent sein lassen – das ist die Grundlage der Meditation. Erreichen wir dies, dann leben wir ein Leben in Fülle und Tiefe, und wir nehmen Dinge wahr, die unachtsame Menschen nicht sehen.

Bedingungen für ein achtsames Leben schaffen

In *Das Wunder der Achtsamkeit* stelle ich über 30 Achtsamkeitsübungen vor, darunter eine Anleitung, wie man einmal in der Woche einen Tag der Achtsamkeit abhalten kann. Das Buch wurde in 35 Sprachen übersetzt. Es ist ein schmales Buch, aber sehr praktisch und leicht zu lesen. Ich selbst richte mich noch immer nach diesen Anleitungen. Du kannst es immer wieder lesen, und jedesmal gibt es dir die Gelegenheit, deine Meditationspraxis zu überprüfen und auf Dinge zu kommen, die nicht im Buch stehen. Obwohl es bereits in den 70er Jahren erschienen ist, erhalte ich noch immer Briefe von Menschen aus aller Welt, die ihre Dankbarkeit ausdrücken und mir erzählen, wie sehr dieses kleine Buch ihr Leben verändert hat. So schrieb ein Chirurg, wie er die Achtsamkeit während einer Operation stets aufrechterhält (dabei stellte ich mir vor, daß ein solcher Chirurg gewiß niemals das Operationsbesteck im Körper eines Patienten vergessen wird ...).

In den ersten Monaten deiner Praxis fehlt es dir vielleicht noch an Regelmäßigkeit; es ist durchaus normal, daß man die Achtsamkeitsübung manchmal vergißt. Es gibt immer wieder einen Neuanfang. Hast du einen Menschen, der mit dir gemeinsam übt, so kannst du dich glücklich schätzen. Freundinnen oder Freunde, die miteinander praktizieren, können sich immer wieder gegenseitig daran erinnern, Achtsamkeit zu üben, und sie können gemeinsam ihre Erfahrungen und Fortschritte machen. Es gibt viele Möglichkeiten, die Achtsamkeit in dir zu nähren. So kannst du ein Herbstblatt, das du im Garten findest, an deinen Badezimmerspiegel heften, und immer, wenn du es am Morgen siehst, erinnert es dich daran, zu lächeln und zur Achtsamkeit zurückzukehren. Wäschst du dir das Gesicht oder putzt dir die Zähne, so bist du dabei entspannt und achtsam. Eine Kirchenglocke in der Nähe, selbst ein Telefon kann dich zur Achtsamkeit gemahnen. Laß das Telefon zwei-, dreimal klingen, bevor du abhebst, und atme dabei ein und aus; nimm dir die Zeit, zu deinem wahren Selbst zurückzukehren.

Mein geliebtes Wesen, wo bist du?

Wenn du ein Objekt für deine Meditation haben möchtest, so wähle dir eins, das dir etwas bedeutet, das du sehr interessant findest, so daß es wirklich deine Aufmerksamkeit fesselt. Das kann die Sonne sein, eine Raupe, ein Tautropfen, die Zeit, dein Gesicht oder deine Augen, bevor du zur Welt kamst. Jede Erscheinung, ob konkret oder abstrakt, physikalischer, körperlicher oder seelischer Art oder gar metaphysisch – alles kann für dich zum Meditationsobjekt werden. Wenn du dein Objekt gefunden hast, pflanze es in den Tiefen deines spirituellen Lebens ein. Ein Ei muß von der Henne bebrütet werden, damit daraus ein Küken entsteht. So muß auch der Gegenstand der Meditation von dir genährt und gehütet werden. Dein »Selbst« oder das »Selbst« des Menschen, den du sehr liebst, oder aber das »Selbst« des Menschen, den du am meisten haßt – auch dies kann Gegenstand deiner Meditation sein. So kann jeder Gegenstand, jedes Betrachtungsobjekt dich zum Erwachen führen, wenn es tief im Grunde deines Seins verankert ist. Ist es lediglich in deinem Intellekt verankert, wird es allerdings kaum Früchte tragen.

Hast du schon einmal über das Thema »Wer bin ich?« meditiert? Wer warst du, bevor du geboren wurdest? Zur Zeit, als es noch nicht die winzigste Spur deiner körperlichen Existenz gab, existiertest du da oder nicht? Wie kannst du aus nichts zu etwas werden? Hätten meine Eltern an dem Tag, als ich empfangen wurde, etwas anderes vorgehabt, so daß sie sich nicht hätten sehen können – wer wäre ich dann? Hätte an jenem Tag die Eizelle meiner Mutter nicht diese, sondern eine andere Samenzelle meines Vaters aufgenommen, wer wäre ich dann? Wäre ich dann ein Bruder oder eine Schwester von mir? Hätte meine Mutter nicht meinen Vater geheiratet und umgekehrt, sondern jemand anderes, wer wäre ich dann? Jede gesunde Zelle in deinem Körper steuert ihre eigene Aktivität, aber bedeutet das, daß jede Zelle ein eigenes Selbst besitzt? Im biologischen Klassifikationssystem ist die Art (*species*) eine Untergruppe der Gattung (*genus*). Stellt nun jede Spezies ein eigenes »Selbst« dar? Wenn du dir solche Fragen voller Ernsthaftigkeit stellst und sie wirklich tief in deinem spirituellen Leben verinnerlichst, dann gelangst du gewiß eines Tages zu überraschenden Entdeckungen.

Hast du schon einmal dem Menschen, den du liebst, in die Augen geschaut und ganz ernsthaft gefragt: »Wer bist du, mein geliebtes Wesen?« Eine gewöhnliche Antwort wäre hier für beide Seiten unbefriedigend. »Mein Liebes, wer bist du, die oder der du kommst und mein Leid als dein Leid betrachtest, mein Glück als dein Glück, mein Leben und meinen Tod als dein Leben und deinen Tod? Wer bist du, deren oder dessen Selbst zu meinem Selbst geworden ist? Warum, mein Liebes, bist du kein Tautropfen, kein Schmetterling, kein Vogel, keine Kiefer?« Begnüge dich nicht mit irgendwelchen poetischen Bildern. Diese Fragen mußt du mit deinem ganzen Herzen, mit all deinem Geist, deinem Sein stellen und beantworten. Und eines Tages wirst du sogar dem Menschen, den du am meisten haßt, diese Frage stellen: »Wer bist du, der mir solchen Schmerz bereitet, der in mir so viel Wut und Haß hervorruft? Bist du ein Glied in der Kette von Ursache und Wirkung, das Feuer, das mich schmiedet und formt auf dem Pfad?« In anderen Worten: »Bist du ich selbst?« Du mußt zu dieser Person werden, mußt mit ihr eins werden, dir ihre Sorgen machen, ihren Kummer erleiden, dich freuen an dem, woran sie sich freut. Diese Person und du, ihr könnt gar nicht »zwei« sein. Dein »Selbst« kann von ihrem »Selbst« nicht getrennt werden. Du bist dieser Mensch, so wie du auch deine große Liebe bist, und so wie du auch du selbst bist.

Fahre in der Praxis fort, bis du dich selbst im grausamsten und unmenschlichsten politischen Führer sehen kannst, im auf unerträgliche Weise gefolterten Gefangenen, im reichsten Mann, im hungernden Kind, nur noch Haut und Knochen. Praktiziere so lange, bis du dich in jedem Menschen im Bus, in der U-Bahn, im Konzentrationslager, bei der Feldarbeit wiedererkennst, als Blatt, als Raupe, in einem Tautropfen, in einem Sonnenstrahl. Meditiere, bis du dich als Staubkörnchen oder Teil einer entlegenen Galaxie erkennen kannst.

Maßstab zur Orientierung

Während du weiter praktizierst, erblüht die Blume der Erkenntnis in dir, gemeinsam mit der Blume des Mitgefühls, der Toleranz, des Glücks und des Loslassens. Du kannst jetzt loslassen, weil du nichts mehr für dich behalten mußt. Du bist kein zerbrechliches kleines »Selbst« mehr, das es mit allen Mitteln zu bewahren gilt. Jetzt, da das Glück anderer dein eigenes Glück ist, erfüllt dich Freude, und du kennst keinerlei Eifersucht, Neid oder Selbstsucht mehr. Du bist nun frei von der Anhaftung an falsche Sichtweisen und Vorurteile, und statt dessen erfüllt Toleranz dein Herz. Weit offen steht das Tor deines Mitgefühls, du fühlst das Leid aller leidenden Wesen. In der Folge möchtest du alles dir nur Mögliche tun, um das Leid anderer zu lindern. Die folgenden vier Tugenden werden die vier unermeßlichen Geisteshaltungen genannt: Liebe, Mitgefühl, Freude und Gleichmut. Sie sind das Ergebnis der Meditation über das Prinzip des bedingten Entstehens aller Dinge. Wenn du diese vier unermeßlichen Geisteshaltungen in deinem Herzen entwickelst und kultivierst, zeigt sich darin, daß du in der richtigen Richtung fortschreitest und auch in der Lage bist, anderen den Weg in ihrer Praxis zu weisen.

Wo bist du gerade, mein lieber Freund? Bist du draußen auf der Wiese, im Wald, auf dem Berg, in einem Militärlager, in einer Fabrik, an deinem Schreibtisch, im Krankenhaus oder im Gefängnis? Ganz gleich, wo du bist, laß uns zusammen ein- und ausatmen und die Sonne der Achtsamkeit einladen. Wir wollen gleich jetzt mit dem Atmen und der Achtsamkeit beginnen. Ob wir das Leben als eine Illusion, einen Traum oder eine wundersame Realität betrachten, das hängt von unserer Erkenntnis und unserer Achtsamkeit ab. Zu erwachen ist ein Wunder. Die Finsternis in einem völlig dunklen Raum weicht, sobald man das Licht anschaltet. Genauso zeigt sich uns das Leben in seiner wunderbaren Wirklichkeit in der Sekunde, in der die Sonne der Achtsamkeit zu erstrahlen beginnt. Ein lieber Freund von mir, ein Dichter, wurde in Vietnam in ein sogenanntes Umerziehungslager gesteckt, tief im Dschungel. Während der vier Jahre, die er dort verbrachte, übte er sich in Meditation und lebte so in Frieden. Als er entlassen wurde, war er ganz durchlässig und klar, wie ein scharfes Schwert. Ihm war bewußt, daß er nichts, aber auch gar nichts in diesen vier Jahren verloren hatte. Im Gegenteil – er selbst hatte sich durch seine Meditation »umerzogen«.

Während ich diese Zeilen schreibe, schreibe ich eigentlich einen Liebesbrief. Denn ich hoffe, ihr werdet diese Worte lesen können, meine unbekannten Brüder und Schwestern, die ihr euch in hoffnungslosen und tragischen Lebenssituationen befindet. Mögen sie eure Kraft beleben und euren Mut stärken.

Vor 15 Jahren schrieb ich einmal vier chinesische Buchstaben auf einen Lampenschirm. Diese vier Buchstaben bedeuten so viel wie »Wenn du Frieden willst, so ist der Frieden augenblicklich in dir.« Ein paar Jahre später erhielt ich in Singapur Gelegenheit, diese Worte zu erproben.

Wir hatten damals ein Projekt ins Leben gerufen, um den Flüchtlingen aus Indochina im Golf von Siam zu helfen. Wir nannten dieses Projekt *Mau Chay Ruot Mem*: »Wenn Blut vergossen wird, leiden wir alle.« Zu dieser Zeit ahnte die Welt noch nichts von den Boat People, denen die Regierungen von Thailand, Malaysia und Singapur die Landung auf ihrem Gebiet verweigerten. Also mieteten wir zwei Schiffe an, die *Leapdal* und die *Roland*, um Flüchtlinge auf offener See aufzunehmen. Wir hatten auch zwei kleine Boote, die *Saigon 200* und die *Blackmark*, die zwischen den beiden Schiffen Verbindung hielten und Nahrungsmittel und andere Hilfsgüter dorthin transportierten. Mit den beiden großen Schiffen hatten wir vor, Flüchtlinge aufzunehmen und sie nach Australien und Guam zu bringen. Dies mußte in aller Heimlichkeit geschehen, denn die meisten Regierungen versuchten damals, die Situation der Boat People zu ignorieren, und wir wußten, daß sie uns Schwierigkeiten bereiten würden, wüßten sie von unserem Vorhaben.

Unglücklicherweise entdeckte dann die Regierung von Singapur doch unseren Plan, nachdem wir bereits 800 Flüchtlinge von ihren kleinen Booten gerettet hatten. Um zwei Uhr morgens erhielt die

Polizei von Singapur Befehl, das Haus, in dem ich dort wohnte, zu umzingeln. Zwei Offiziere versperrten vorn und hinten die Türen, während vier weitere hereinstürzten und meine Reisedokumente beschlagnahmten. Sie befahlen mir, das Land binnen vierundzwanzig Stunden zu verlassen.

Nun hatten wir diese 800 Menschen an Bord der beiden großen Schiffe und mußten dafür sorgen, daß sie sicher ihren Weg nach Australien und Guam nehmen konnten. Die beiden kleinen Boote wurden jedoch daran gehindert, Nahrungsmittel und Wasser zu den Flüchtlingen zu bringen. Die *Roland* hatte zwar genügend Treibstoff, um bis Australien zu gelangen, doch fehlte es noch an der Verpflegung für die Menschen. Dann ging der Motor kaputt. Es war recht stürmisch an jenem Tag, die See war aufgewühlt, und so sorgten wir uns um die Sicherheit des Schiffes – daß es etwa von der Küste abgetrieben werden könnte; die Regierung Malaysias gewährte ihr keinen Zugang zu malaysischen Gewässern. So ersuchte ich um Erlaubnis, in ein Nachbarland einreisen zu dürfen, um dort die Rettungsaktion fortzusetzen, aber die Regierungen von Thailand, Malaysia und Indonesien stellten mir kein Einreisevisum aus. Obwohl ich mich eigentlich an Land befand, fühlte ich mich, als ob auch ich auf offener See trieb und mein Leben eins wäre mit dem der 800 Flüchtlinge an Bord.

In dieser schwierigen Situation fiel mir ein, über den Satz zu meditieren: »Wenn du Frieden willst, so ist der Frieden augenblicklich in dir.« Bald stellte ich verwundert fest, daß ich auf einmal ganz ruhig war, ganz ohne Besorgnis und Ängste. Das war nicht etwa Gleichgültigkeit oder Desinteresse, sondern ein wahrhaftig friedvoller innerer Zustand. Und mit dieser Geisteshaltung war es mir möglich, die schwierige Situation zu meistern. Niemals im Leben werde ich diese wenigen Minuten der Sitzmeditation vergessen, diese Atemzüge, die achtsamen Schritte während dieser vierundzwanzig Stunden.

Wir hatten so viele Probleme zu lösen, wie es normalerweise in vierundzwanzig Stunden kaum zu schaffen ist. Viele Menschen beklagen sich das ganze Leben lang über zu wenig Zeit. Wie konnte also so viel in nur vierundzwanzig Stunden erreicht werden? Der Erfolg trat ein, als ich mich dem Problem direkt stellte. Ich machte mir bewußt: Könnte ich nicht in diesem Augenblick Frieden erlangen, würde ich ihn nie finden. Könnte ich nicht inmitten der Gefahr friedvoll sein, dann wäre der Frieden, den ich vielleicht zu einem späteren Zeitpunkt erlangen würde, bedeutungslos. Wenn ich den Frieden nicht inmitten einer schwierigen Situation finden könnte, würde ich niemals wirklichen Frieden finden. Indem ich diesen Satz: »Wenn du Frieden willst, so ist der Frieden augenblicklich in dir« praktizierte, war ich in der Lage, viele Probleme zu lösen, eins nach dem anderen, und zu tun, was immer gerade erforderlich war.

Die Wirkung folgt der Ursache schneller als ein Blitz

Frieden kann nur im gegenwärtigen Moment existieren. Deshalb ist es lächerlich zu sagen: »Warte noch, bis ich das hier beendet habe, dann kann ich in Frieden leben.« Was ist »das hier«? Ein Diplom, eine Arbeit, ein Haus, einen Kredit abzahlen? Wenn du so denkst, kommt der Frieden nie. Denn immer wieder folgt ein neues »das hier« dem jetzigen auf dem Fuße. Wenn du nicht in diesem Moment in Frieden lebst, dann wird es dir nie gelingen. Willst du ernsthaft in Frieden leben, mußt du augenblicklich im Frieden sein. Sonst gibt es lediglich »die Hoffnung, daß eines Tages der Frieden da ist«. Mein Freund, der Dichter, hat nicht gewartet, bis er aus dem Umerziehungslager entlassen wurde, um in Frieden zu leben. Er konnte nicht ahnen, daß er nur vier Jahre dort verbringen würde (während viele Menschen sechs Jahre oder noch länger dort bleiben müssen). Auch er praktizierte gemäß dem Satz: »Wenn du Frieden willst, so ist der Frieden augenblicklich in dir.« Wir müssen uns hinsetzen und eine Methode finden, die uns hilft, Frieden und Glück zu erleben. Der Frieden stellt sich nicht erst nach vielen Tagen intensiver Meditation ein. Das Wichtigste ist dein aufrichtiger Wunsch, deine Entschlossenheit. Ist diese stark genug, dann folgt die Wirkung schneller als ein Blitz. Du kannst den Frieden mit deinem Atem nähren, mit deinen Schritten, deinem Lächeln; durch die Art, wie du schaust, hörst, fühlst – bis du schließlich mit dem Frieden eins bist.

Alles hängt vom Frieden in dir ab

Wäre die Erde dein Körper, würdest du die vielen Stellen spüren, an denen es Schmerz und Leid gibt. Krieg, Unterdrückung und Hungersnot schaffen überall unendliche Zerstörung. Viele Kinder erblinden durch Unterernährung. In Müllbergen suchen ihre kleinen Hände nach Dingen, die sie für ein paar Bissen eintauschen können.

Viele Erwachsene sterben langsam ohne jede Hoffnung in Gefängnissen. Andere lassen ihr Leben im Kampf gegen die Gewalt. Dutzende von Erdbällen könnten wir mittlerweile mit all den Atomwaffen zerstören, die es bereits gibt; wir aber fahren fort, immer noch weitere zu produzieren.

Wie können wir uns, wenn uns all das bewußt ist, einfach in den Wald oder in unser eigenes Zimmer zurückziehen, um dort zu sitzen und zu meditieren? Der Frieden, den wir suchen, ist keineswegs unser persönlicher Besitz. Wir müssen nach einem inneren Frieden suchen, der es uns ermöglicht, eins zu werden mit denen, die leiden, und unseren Brüdern und Schwestern zu helfen; das bedeutet letztlich, uns selbst zu helfen. Ich kenne viele engagierte junge Menschen, denen das Elend der Welt sehr bewußt ist. Statt sich hinter einem künstlichen Frieden zu verschanzen, engagieren sie sich in der Welt, um diese Gesellschaft zu verändern. Sie sind überzeugt von ihren Zielen, aber nach einer Weile fühlen sie sich in ihrem Engagement entmutigt. Woran liegt das? Es fehlt ihnen an tiefem inneren Frieden, einem Frieden, den sie in ihre Arbeit einfließen lassen könnten. Unsere Stärke liegt nicht in unserem Waffenarsenal, dem Reichtum oder der Macht. Unsere wahre Stärke liegt in dem Frieden, der in uns begründet ist. Dieser Frieden ist es, der uns unzerstörbar macht. Wir müssen diesen Frieden in uns verspüren, wenn wir für die Menschen, die wir lieben, sorgen und sie beschützen wollen.

Diesen Frieden habe ich bereits in vielen Menschen gefunden. Sie verwenden einen Großteil ihrer Zeit und Kraft darauf, den Schwa-

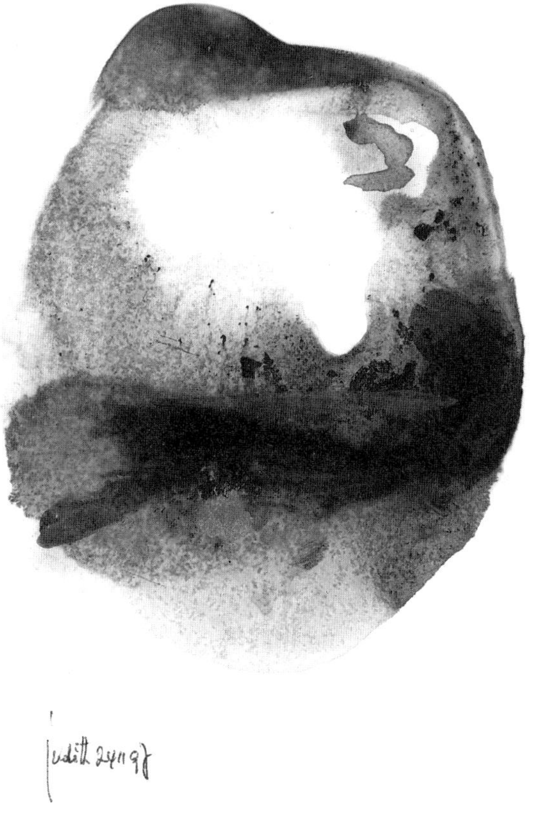
Judith 24 11 97

chen zu helfen und – wo immer sie es vermögen – den Bäumen der Liebe und des Mitgefühls Wasser zu geben. Sie gehören unterschiedlichen religiösen Gruppen und verschiedenen kulturellen Bereichen an. Wie die einzelnen Menschen diesen inneren Frieden erlangt haben, weiß ich nicht, aber er ist bei allen spürbar. Bist du achtsam, verspürst du ihn auch. Dieser Frieden ist nicht etwa eine Barrikade, die dich von der Welt trennt – ganz im Gegenteil bringt erst dieser innere Friede dich der Welt wirklich nahe und gibt dir die Kraft, dich erfolgreich zu engagieren: sei es im Kampf um soziale Gerechtigkeit oder für den Abbau der Kluft zwischen Arm und Reich, sei es, das Wettrüsten zu stoppen, gegen Diskriminierung zu kämpfen, oder sei es, weitere Samen des Verstehens, der Versöhnung und des Mitgefühls zu säen. In jedem Kampf brauchst du Entschlossenheit und Geduld. Diese Entschlossenheit wird brüchig, wenn dir der innere Friede fehlt. Gerade Menschen, die sich sozial engagieren, sollten in jedem Augenblick ihres täglichen Lebens Achtsamkeit praktizieren.

Ein/e Bodhisattva betrachtet alle Wesen mit den Augen des Mitgefühls

Frieden und Mitgefühl gehen Hand in Hand mit Verstehen und Unterscheidungslosigkeit. Wir ziehen ein Ding dem anderen vor, wenn wir Unterschiede machen. Mit den Augen des Mitgefühls können wir in der lebendigen Wirklichkeit alles gleichzeitig betrachten. Ein Mensch voller Mitgefühl erkennt sich selbst in jedem Wesen. Mit der Gabe, die Wirklichkeit aus verschiedenen Blickwinkeln zu betrachten, können wir schließlich alle Sichtweisen hinter uns lassen und uns in jeder Situation voller Mitgefühl verhalten. Dies ist die höchste Bedeutung des Wortes »Versöhnung«.

Versöhnung bedeutet nicht, mit Arglist und Kampfbereitschaft im Herzen lediglich eine Abmachung zu unterzeichnen. Versöhnung stellt sich allen Formen der Willkür entgegen, sie schlägt sich auf keine Seite. Die meisten von uns neigen dazu, bei jeder Auseinandersetzung, jedem Konflikt Partei zu ergreifen. Wir entscheiden schnell, was richtig ist, was falsch, selbst wenn wir den Konflikt manchmal nur vom Hörensagen kennen. Wir benötigen durchaus eine gewisse Empörung, um aktiv zu werden, aber Empörung allein reicht nicht aus, auch keine berechtigte, legitime Empörung. In unserer Welt gibt es genügend Menschen, die bereit sind, sich zu engagieren und zu handeln. Woran es fehlt, sind Menschen, die einfach lieben, statt Partei zu ergreifen; nur sie können die gesamte Wirklichkeit in die Arme schließen, so wie eine Henne, die alle ihre Küken unter die ausgebreiteten Flügel nimmt.

Die Praxis der Meditation über das bedingte Entstehen ist ein Weg, zu dieser Verwirklichung zu gelangen. Haben wir diese erst einmal erreicht, verschwindet jegliche Unterscheidung, und die Realität wird nicht mehr mit dem Schwert des konzeptuellen Denkens in Stücke geschnitten. Die Grenzen zwischen Gut und Böse fallen, und wir erkennen, daß Mittel und Zweck ein und dasselbe sind. Wir müssen so lange fortfahren zu praktizieren, bis wir den Körper des Kindes aus Uganda, nur noch Haut und Knochen, als unseren eigenen erkennen können, bis der Hunger und der Schmerz in den Körpern aller Lebewesen unser eigener wird. Dann haben wir zur Unterscheidungslosigkeit gefunden, zur wirklichen Liebe. Gemäß dem *Lotus-Sutra* ist es eine Tugend von Bodhisattva Avalokiteshvara, alle Lebewesen mit den Augen des Mitgefühls zu betrachten. Begegnen wir einem Menschen mit dieser Fähigkeit, so wissen wir, daß Bodhisattva Avalokiteshvara in ihm präsent ist. Wenn wir über die erste Edle Wahrheit meditieren, die Wahrheit vom Leiden, dann ist Bodhisattva Avalokiteshvara in uns präsent. Wenn wir Bodhisattva Avalokiteshvara um einen Gefallen bitten, ist sie/er schon da, bevor wir die Bitte überhaupt geäußert haben.

»Betrachte deine Hand, mein Kind«

Ein Freund von mir ist Künstler. Fast vierzig Jahre lang lebte er fern von zu Hause. Immer, wenn er seine Mutter vermißt, so erzählte er mir, brauche er nur seine Hand zu betrachten, und schon gehe es ihm besser. Seine Mutter, eine traditionelle Vietnamesin, konnte nur wenige chinesische Buchstaben lesen und hat sich niemals mit westlicher Philosophie und Wissenschaft beschäftigt. Aber bevor er Vietnam verließ, nahm sie seine Hand und sagte: »Wann immer du mich vermißt, betrachte deine Hand, mein Kind. Dann kannst du mich sofort sehen.« Was für eindringliche, einfache Worte! Und so hat er fast vierzig Jahre lang immer wieder seine Hand betrachtet.

Seine Mutter ist nicht nur durch Vererbung in ihm präsent, auch ihr Wesen, ihre Hoffnungen, ihr Leben sind in ihm gegenwärtig. Mein Freund praktiziert Meditation, und vielleicht hat er sich den

Satz »Betrachte deine Hand« als Kung-an gewählt. Dieser Satz könnte ihn in seiner Praxis weiterbringen. Mit Hilfe seiner Hand kann er tief in die Wirklichkeit der anfanglosen und endlosen Zeit eintauchen und erkennen, daß Tausende von Generationen vor ihm und Tausende nach ihm er selbst sind. Von undenklicher Zeit bis zum gegenwärtigen Augenblick wurde sein Leben niemals unterbrochen, und seine Hand ist noch immer hier, eine Wirklichkeit ohne Anfang und Ende. So kann er sein »wahres Gesicht« vor 500 Millionen Jahren sehen. Er existiert nicht nur am Baum der Evolution, dessen Zweige zeitgleich mit der Zeitachse wachsen, sondern auch im Netzwerk der wechselseitig voneinander abhängigen Beziehungen. Jede Zelle seines Körpers ist so frei wie er selbst. Bei ihm könnte der Satz »Betrachte deine Hand« eine viel tiefere Wirkung erzielen, als das Kung-an »Das Klatschen der einen Hand« von Zenmeister Hakuin es vermag.

Als mich meine Nichte aus Amerika im letzten Sommer besuchte, gab ich ihr als Zen-Aufgabe den Satz: »Betrachte deine Hand«; sie sollte ihn hegen und wertschätzen. Dazu erklärte ich ihr, daß hiermit jedes Steinchen, jedes Blatt, jede Raupe vom Hügel bei der Einsiedelei in ihrer Hand präsent wäre.

»Warum weinst du, Schwester?«

Vor einigen Jahren verbreitete eine regierungstreue Gruppierung in Ho-Chi-Minh-Stadt das Gerücht, ich sei einem Herzanfall erlegen. Diese Nachricht verursachte viel Aufregung und Durcheinander im

Land. Eine buddhistische Nonne schrieb mir, diese Nachricht habe ihre Gemeinschaft erreicht, als sie gerade eine Gruppe von Novizinnen unterrichtete. Daraufhin schlug die Stimmung in der Klasse völlig um, und eine Nonne fiel in Ohnmacht. Damals lebte ich als Folge meines Engagements in der Friedensbewegung bereits über zwanzig Jahre im Exil, und ich kenne diese junge Nonne oder überhaupt die neue Generation von Mönchen und Nonnen in Vietnam nicht. Aber Leben und Tod sind nur eine Vorstellung, eine Idee. Warum also weinst du, Schwester? Du studierst den Buddhismus, genau wie ich. Wenn du existierst, existiere auch ich. Was nicht existiert, kann nicht beginnen zu existieren, und genauso kann Existierendes nicht aufhören zu existieren. Hast du das begriffen, Schwester? Wenn wir nicht einmal ein Staubkorn von der »Existenz« zur »Nichtexistenz« bringen können, wie dann erst ein menschliches Wesen? In dieser Welt sind bereits viele Menschen im Kampf für den Frieden, für die Menschenrechte, für Freiheit und soziale Gerechtigkeit getötet worden. Aber niemand kann sie wirklich vernichten. Sie existieren noch immer. Glaubst du wirklich, Schwester, Menschen wie Jesus Christus, Mahatma Gandhi, Lambrakis oder Dr. Martin Luther King jr. sind »tote Leute«? Nein, sie sind noch immer hier. Wir sind sie. Wir tragen sie in uns, in jeder Zelle unseres Körpers. Wenn du je wieder eine solche Nachricht erhältst, so lächle bitte. Lächle voller Gelassenheit und zeige uns, daß du tiefes Verstehen und großen Mut erlangt hast. Der Buddhismus und die gesamte Menschheit erwarten es von dir.

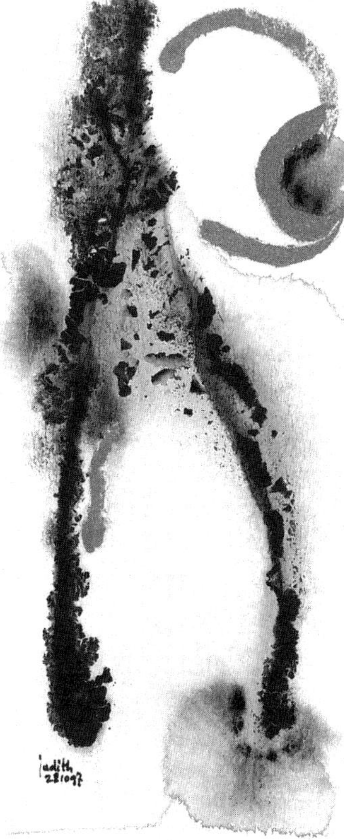
judith
281097

Alles liegt im Wort »Wissen«

Ein Freund von mir ist in der wissenschaftlichen Forschung tätig und begleitet viele Doktoranden bei ihrer Dissertation. Alles möchte er möglichst auf wissenschaftliche Weise tun – aber er ist auch ein Dichter, und das führt dazu, daß er oft nicht gerade »wissenschaftlich« vorgeht. Im vergangenen Winter durchlebte er eine schwere spirituelle Krise. Als ich davon hörte, schickte ich ihm eine Zeichnung, auf der sich eine Welle auf samtweichem Wasser kräuselt. Zu der Zeichnung schrieb ich: »So ist es nun einmal: Die Welle lebt das Leben einer Welle und zugleich auch das Leben des Wassers. Wenn du atmest, atmest du für uns alle.«

Als ich diesen Satz schrieb, wollte ich ihm damit zur Seite stehen, ihm durch diese schwierige Zeit helfen, und erfreulicherweise profitierten wir beide davon. Viele Menschen sehen sich als Wellen und vergessen dabei, daß sie auch noch Wasser sind. Sie sind so an die Vorstellung von Geburt und Tod gewöhnt, daß sie Nicht-Geburt und Nicht-Tod vollkommen vergessen. Eine Welle lebt auch das Leben des Wassers. Wir leben auch das Leben von Nicht-Geburt und Nicht-Tod – wir müssen uns dessen nur bewußt sein. Wir sollten es *wissen*. Wissen heißt erkennen. Erkennen ist Achtsamkeit. Die ganze Mühe bei der Meditation dient einzig dem Ziel, uns zum Erwachen zu führen, damit wir eine einzige Sache wissen: Geburt und Tod können uns niemals auf irgendeine Weise berühren.

Anmerkungen

1 *Prajña* aus: Thich Nhat Hanh, *Footprints on the Sand*, La Boi Press, San José

2 Thich Nhat Hanh: *Das Wunder der Achtsamkeit*, Theseus, Berlin, 8. Auflage, 1998

3 In der Lehre des Vijñanavada wird *smriti* begleitet von *samadhi* und *prajña*, während Unachtsamkeit einhergeht mit Zerstreutheit und falschen Ansichten. Letztere sind das Gegenteil von *samadhi* und *prajña*. *Smriti*, *samadhi* und *prajna* gehören zu den fünf sogenannten spezifischen Geistesformationen, Unachtsamkeit, Zerstreutheit und falsche Ansichten sind drei von insgesamt 26 unheilsamen Geistesformationen.

4 Thomas Cleary, *The Flower Ornament Scripture*, Shambala Publications, Boston, 1993; siehe auch: Fritjof Capra, *Das Tao der Physik, Die Konvergenz von westlicher Wissenschaft und östlicher Philosophie*, Scherz, Bern, 1984

5 Obwohl gemäß der Kopenhagener Interpretation der Quantentheorie Beobachter und Beobachtungsobjekt untrennbar sind, ignorieren viele Wissenschaftler weiterhin diese Lehre.

6 Vergleiche Thich Nhat Hanh, *Umarme deine Wut*, Theseus, Berlin, 5. Auflage, 1997

7 K. von Frisch: *Tanzsprache und Orientierung der Bienen*, Berlin 1965

8 Vergleiche David Bohm, *Wholeness and Implicate Order*, Routledge & Kegan, London 1980; dt. Ausgabe: *Die implizite Ordnung, Grundlagen eines dynamischen Holismus*, Goldmann, München, 1987

9 Alphonse de Lamartine, *Méditations poétiques*, 1820

10 *Alaya*, der achte Bewußtseinsaspekt, hat die Funktion, das zu erhalten, was erhaltend wirkt, also das Objekt, das erhalten wird wie auch das Objekt, das vom siebten Bewußtseinsaspekt, *manyana*, für ein Selbst gehalten wird. Weiter hat *alaya* die Funktion, alle Samen (*bija*) zu erhalten, also die Essenz, die treibende Energie aller Dinge. Ferner hat es die Funktion, Pläne zu entwerfen, zum Beispiel jedwedes Karma zu transformieren und zum Reifen zu bringen, damit sich neue physikalische, körperliche und seelische Erscheinungen bilden können. *Manyana* repräsentiert den seelischen Vorgang, sich an einen Teil von *alaya* als Selbst zu klammern. *Amala* ist reines weißes Bewußtsein – die Bezeichnung für *alaya*, nachdem es von *manyana* gereinigt ist. Dies wird eingehender im 4. Kapitel erörtert.

11 Viele denken, wenn sie erst einmal die vier Dhyanas und die vier formlosen Vertiefungen erreicht haben, bedeute Samadhi, der Geist habe kein Objekt mehr. Tatsächlich hat der Geist jedoch immer ein Objekt – denn sonst wäre er nicht Geist. In den vier formlosen Vertiefungen erscheinen als Objekt der grenzenlose Raum, grenzenloses Bewußtsein, das Fehlen von Wahrnehmung und der Zustand von Weder-Wahrnehmung-noch-Nichtwahrnehmung. Samadhi ist der Zustand, in dem die Unterscheidung zwischen Subjekt und Bewußtseinsobjekt nicht mehr vorhanden ist, in dem also *nimittabhaga* (das Objekt) von *darshanabhaga* (Subjekt) nicht zum Objekt gemacht wird. Objekt und Subjekt sind beide Teil des Bewußtseins, sie können getrennt nicht existieren. Sie haben denselben Daseinsgrund: *svabhava* (die Selbstnatur des Bewußtseins).

12 Nguyen Cong Tru wurde 1778 in Uy Vieu in der vietnamesischen Provinz Ha Tinh geboren und starb 1859.

13 Walt Whitman, *Gesang von mir selbst*, in »Grashalme«, Aufbau Verlag, Berlin, 1957. »Widersprech ich mir selbst? Nun gut, so widersprech ich mir eben selbst. (Ich bin weiträumig, ich enthalte Vielheit.)«

14 »Es geht hier im Gegenteil darum, die Theorie von den Teilchen als einem Netz von miteinander in Beziehung stehenden Teilchenverbindungen an ihre Grenze

zu treiben. Die *bootstrap*-Philosophie verwirft nicht nur die Vorstellung von elementaren Bausteinen der Materie, sondern verneint überhaupt die Existenz von etwas ›Grundlegendem, Elementarem‹ jeglicher Art – seien es Gesetzmäßigkeiten, Gleichungen oder ein Prinzip. Das Universum wird vielmehr als ein dynamisches Gewebe betrachtet, in dem sich voneinander abhängige Geschehnisse abspielen. Kein Teil davon hat in seiner Eigenschaft den Charakter von etwas Grundlegendem; alles ist eine Wirkung der Eigenschaften aller anderen Bestandteile. Es ist der globale Zusammenhang ihrer wechselseitigen Beziehungen, die dem ganzen Gewebe seine Struktur verleiht.« Fritjof Capra, *The Tao of Physics*, in: Josephson (Hrsg.), *Science et Conscience*, Stock, Paris, 1980

15 David Bohm, *Imagination and the Implicate Order*, in: Josephson, *Science et Conscience*, Paris, 1980

16 Erwin Schrödinger: *My view of the world*, London, 1964

17 Diejenigen, die nicht mit der Relativitätstheorie vertraut sind, haben vielleicht Schwierigkeiten mit dem Begriff »vierdimensionales Raum-Zeit-Kontinuum«. Schon vor Einstein hatte der deutsche Mathematiker Minkowski festgestellt, daß Zeit und Raum als getrennte Einheiten Hirngespinste sind; nur zusammen stellen sie eine Realität dar. Die Relativitätstheorie besagt, daß alle Dinge, die in Bewegung sind, in Zeit und Raum nur zum selben Zeitpunkt auftreten können (zum Beispiel alle Steine, die sich auf der Erde befinden, bewegen sich auch mit der Erde). Wenn beispielsweise ein Flugzeug von Paris nach Neu Delhi fliegen soll, dann muß die Kontrollstation auf der Erde nicht nur die Länge x, die Breite y und die Höhe z kennen, sondern auch den Zeitfaktor t, um jederzeit die genaue Position des Flugzeugs während des Fluges bestimmen zu können. Somit stellt der Zeitfaktor t die vierte Dimension dar. Zeit, Raum, Masse und Bewegung stehen in einem Beziehungsverhältnis zueinander. Je dichter die Masse ist, desto gekrümmter ist der Raum, der diese Masse umgibt. Wenn Licht von Himmelskörpern ausstrahlt und dabei an riesigen Massen wie der Sonne vorbeikommt, folgt es dabei einer gekrümmten Linie, denn in Sonnennähe ist die Krümmung

des Raumes stärker. Licht und Energie haben gleichfalls Masse, weil Materie und Energie eins sind, so wie es die Formel $e = mc^2$ ausdrückt. Dabei ist e die Energie, m die Masse und c die Lichtgeschwindigkeit. Die Anwesenheit von Masse erzeugt die Krümmung des Raumes. Deshalb kann man in Hinblick auf die Relativität nicht mehr an der absoluten geraden Linie der Euklidschen Mathematik festhalten.

18 Alfred Kastler, *Cette étrange matière*, Paris, 1976

19 Vergleiche »Wohin wird der Buddha gehen?« in: Thich Nhat Hanh, *Alter Pfad, weiße Wolken*, Theseus, Berlin, 1992, S. 447

20 J. Robert Oppenheimer, *Science and the common understanding*, New York, 1954

21 Wörtlich: »Der Tod wird, wenn jemand in die Tiefe blickt, ein Held genannt.« Vergleiche Isshu Miura und Ruth Sasaki, *The Zen Koan*, New York, 1965

22 Erwin Schrödinger, *My view of the world*, London, 1964

23 Fa Cang, *Wang Jin Hai Yuan Guan* (Ending illusions and going back to your own source), Nr. 1876, revised Chinese Tripitaka

24 David Bohm, *Wholeness and Implicate Order*, London, 1980